一生仕事で困らない企画のメモ技

精准策划

打造爆款产品的三角形策划模型

[日]高桥晋平 著

中国青年出版社
CHINA YOUTH PRESS

图书在版编目(CIP)数据

精准策划：打造爆款产品的三角形策划模型/(日)高桥晋平著；佟凡译.
—北京：中国青年出版社，2022.4

ISBN 978-7-5153-6579-4

Ⅰ.①精… Ⅱ.①高… ②佟… Ⅲ.①营销策划 Ⅳ.①F713.50

中国版本图书馆 CIP 数据核字（2022）第028190号

精准策划：打造爆款产品的三角形策划模型

作　　者：〔日〕高桥晋平
译　　者：佟　凡
责任编辑：肖妩嫔
文字编辑：侯雯洁
美术编辑：杜雨萃
出　　版：中国青年出版社
发　　行：北京中青文文化传媒有限公司
电　　话：010-65511270 / 65516873
公司网址：www.cyb.com.cn
购书网址：zqwts.tmall.com
印　　刷：大厂回族自治县益利印刷有限公司
版　　次：2022年4月第1版
印　　次：2022年4月第1次印刷
开　　本：880 × 1230　　1 / 32
字　　数：98千字
印　　张：6.25
京权图字：01-2021-2003
书　　号：ISBN 978-7-5153-6579-4
定　　价：49.90元

目 录

第2章 解救创意枯竭的“配对笔记”

第3章 做出爆款产品的“三角形策划模型”

序 言

没有想做的策划，实属正常

“公司要求提交新策划，我想不到好点子。”

“我想做一个新项目，但是不知道做什么好。”

我在不同的公司和不同的人一起工作过，每天都能听到诸如此类的声音。

本书的受众就是社会上有此类想法的普通人，他们想要做出新的事情，却不知道做什么好。我之所以想写这样一本书，正是因为自己曾经也是和他们一样的普通人。

现在，我是一名策划师，负责制作新产品、策划与执行的工作。我曾经为自己的公司做策划，有着和各式各样的人及公司合作开发、销售产品或者创业的经历。

2004年，我进入了大型游戏公司万代，积攒了10年玩具开发策划和市场营销的经验。

以风靡国内外的大热产品“无限气泡”解压玩具为首，我参与了众多玩具开发的工作。

但是我的工作经历完全称不上一帆风顺，特别是刚进公司的前3年，我在公司提出的策划方案几乎全都没有通过或者被驳回了。我还遇到过好几次陷入瓶颈的情况，那时我的头脑一片空白，什么都想不出来。

我还买来了当时出版的关于“企划术”“创意法”之类的书籍研究学习，结果还是想不出新策划。

究其根本，可能我不是一个想法丛出、什么都想要尝试的人。尽管我的工作是产品策划，但我本人却不是一个想要做很多尝试的人，我只想老老实实地生活。

当时的我还没有意识到“自己的欲求”。

有的人就算嘴上不说，却对各种事情都充满兴趣，有太多打心底想要做的事情和想要的东西。这种人一定不会为想不出策划内容而烦恼吧。但是这种人太稀缺了，大部分普通人脑子里都不会接二连三地冒出想做的事情，各种各样的欲求都只是在心底沉眠。

只要利用笔记的力量，新策划要多少有多少

当时，我不仅自身没有明显的欲求，而且还怀有这样一个误解：想法和策划是靠自己的天赋创造出来的，于是一门

心思想着靠自己想出策划。

一个人脑海中的信息，也就是灵感的素材自然是有限的，因此就算再怎么努力以这些信息为基础去思考，在脑子里来回打转的不过是同样的念头。

后来，诞生于美国、火爆日本的玩具“20Q”成为一个让我超越自己的契机，从那以后，我不断做出新策划并成功付诸实施。

在头脑中想象一个事物，只用“是”和“否”回答关于它的20个问题后，“20Q”就能在其液晶屏幕上显示出你刚才想到的事物，这是一款能准确猜中你心思的玩具。

我看到“20Q”在玩具店里大卖的情景，深切地感受到“这样的产品我也非常想买，但是单凭我自己绝对想不出来”。在那个瞬间，我明白了自己的大脑是有极限的。

就是在那时，我意识到我必须更多地从外界探寻能够作为策划灵感的信息。我的人生阅历并不丰富，要想做出能让许多人喜欢的策划，必须从外界收集“素材”。

积累素材能够诞生灵感，凭借笔杆子完成畅销的策划

现在，我敢宣称自己“这一辈子都不会再为写不出策划而烦恼”。这并非是因为我有特殊的才能，也不是因为我比别人努力十倍，而是因为我每天都在不断记录能够作为策划材料的素材，以这些素材为基础制作策划，在不断试错的基础上，我练就出现在的本事。

在本书，我将为大家介绍以制作策划为目的的素材手册、配对笔记法和三角形策划模型，让读者能够不断做出被大家需要的产品。我将自己平时实际使用的方法进行归纳整理，在这本书中首次公开。

首先，我在第1章将为大家介绍“素材手册”的制作方法，“素材手册”中的内容将成为创意和策划的材料。

在这个信息爆炸的时代，要如何才能找到必要的信息，来完成自己想要制作的策划呢?

关键就是找到“人们的欲求”。巧妙利用智能手机，记录能顺应自身欲求的“素材”，就能做出只属于自己的原创“素材手册”。

接下来，我会在第2章中为大家介绍使用积累的素材、

寻找策划灵感的笔记法。该方法的重点在于“配对”。将素材和策划主题搭配在一起，创意灵感就能源源不断地出现。

比如策划主题是想出提高员工积极性的方法，就可以和笔记上的素材“没有计价器的出租车”相配对，想出“空手出勤制度”的创意。

我为什么会想出这个创意呢？这里面自然是有窍门的。

另外，我还会为大家介绍将一个创意与随机词语相配对来寻找更多创意的方法。只要使用我教给大家的方法，在1个小时里想出100个创意也并非不可能。

我会在第3章为大家介绍将创意灵感转换为产品策划的“三角形策划模型”。通过手写素材，将素材总结成产品策划的方法。一边静下心来手写，一边与潜在用户真诚相对，用心思考“大家会想要这个产品吗”“真的是这样吗”“我是不是走错了方向”等问题，最终创造出爆款产品。

我将在第4章探讨要想做出产品，我们需要如何思考。

如果产品不能实现就没有意义，而为了真正做出产品，必须克服一个又一个的困难。我将为大家介绍一种能够实现产品构想的思考方式。

看过这本书之后，你也可以收集日常生活中发现的素材做好笔记，在“三角形策划模型”的辅助下完成规划。它们会成为产品，快速变现，为你带来利润，帮你实现人生梦想。

是不是已经迫不及待了？

只要你能看到最后，就可以不断创造出能为自己带来幸福感的产品。

那就让我们赶快开始吧！

第1章

制作用以策划的“素材手册”

01 只有“你想要”的事物需要记录

世上处处是策划

策划的本质究竟是什么？

我想在拿到这本书的读者中，有人势必要做出能创造商业价值的策划，有人只是想创造新鲜事物，或许也会有人认为“策划这东西与自己毫无关系”。

我对策划的定义是，满足人们欲求的计划。

产品开发、服务、宣传、公开活动、广告宣传……各种各样的商业策划都是为了获取利益，不过在此之前，策划的目的一定是为某些人带来价值，满足他们的欲求。

另外，策划并不是只存在于商业活动中。

在私人生活中，也会有组织同好会、为某个人举办派对的情况吧。这些同样都属于策划。

决定考哪一所学校，选择哪一份工作，这些为满足自己的欲求而做的规划同样是策划。

就算与追求利益的商业活动无关，只要是能为人们创造价值、带来幸福感的计划和想法就是策划。每个人在各自的人生中，都在不知不觉地实行了各种各样的策划。

收集策划材料，做一本“素材手册”

现在，我要问大家一个问题。

大家在工作中遇到需要做策划的情况时，首先会采取怎样的方法？

1. 一个人绞尽脑汁思考？

2. 在网上搜索和主题相关的信息？

两种方法都没有错，但是都有各自的缺点。

首先来看第一种，我以前做出的策划总是不能用，就是因为当时我做策划时就是陷入这种状态。

因为当自己凭空思考时，人们就会以记忆中最先浮现出的信息为基础构思策划，这样一来，每次都只能做出大同小异的策划。这是理所当然的结果，因为每个人头脑中的信息和思考方式都无法迅速转变。

接下来看第二种在网上检索信息的方法，如果搜索与策划内容相关的信息，就会看到其他人做出的类似策划，很可能陷入与他们相似的思路之中。

另外，由于搜索量最多的信息在某种程度上是固化的，因此经常会出现大多数人同时得到相同的信息，并且以此为基础思考出同质策划的现象。做出的产品与他人相似的结果就是，你的策划既没有新鲜感也没有冲击力，只不过是对现有策划的粗劣模仿，很可能会沦为不被任何人需要的策划。

那么该怎么办才好呢？

日常生活的见闻和脑海浮现出的想法中，有些内容可以成为制作策划的材料，我将它们统称为“素材”（本书中将使用这个叫法），记录在“素材手册”上。

然后将主题和素材相配对，思考“如何做出被更多人需要的爆款产品”“如何带来商业价值”，厘清思路后将其落实成为具体的策划。这些素材就是我制作策划的基础。

如果你拥有了只属于自己的原创“素材手册”，每天坚持记录的话，做策划时能够用到的素材就会越来越多，素材手册中就会被注入源源不断的新能量。

很多素材会被我忘到脑后，或者没办法立刻回想起来，不过只要在构思方案时翻看素材手册，就能够将当时正在思考的主题与素材配对起来，一口气想出几十个创意，然后从中挑出可以实现的部分完成策划。

需要记录的素材只有一种

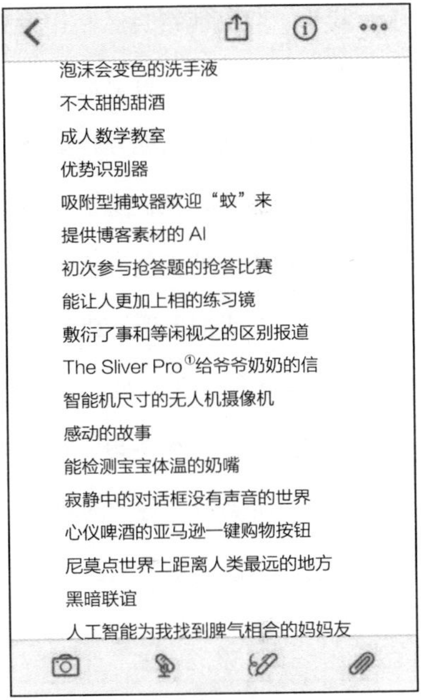

刚才我已经提到过，策划案有各种不同的类型。

也许你想要实现的策划是工作上必须完成的任务，也许是私下的同好会活动，或者是为将来独立创业制作的策划。

我希望阅读本书的各位读者能够养成记录的习惯，为了做出能为他人创造价值的策划，每天坚持收集新的信息。

首先，我来给大家展示我的“素材手册”里的一部分内容吧。

右上角是我平时使用的应用软件印象笔记（Evernote）的截图。

① 一款黑白胶片滤镜。——编者注

除了我以外，其他人看到后恐怕会觉得不知所云吧。

我为了收集能帮自己制作策划的素材，一直在记录类似的信息，基本上每一行就是一个素材。

那么，要从什么地方收集怎样的素材呢？

在当今社会，我们身边会涌现出大量的信息。互联网上每天都有数不清的新闻和言论一闪而过。每天都有大量新品上市，或者在店铺上架，或者放出宣传广告。

每年365天，每天24个小时，每时每刻电视或网络频道都会播放各种节目和视频。在日常生活中，我们会遇到各种各样的人，听到各种各样的故事。

把它们全都记录下来当然是不可能的。

其中应该记录的信息是……

- 新鲜的事物
- 与众不同的事物
- 有趣的事物

不对。

需要记录的信息只有一种，即“你想要的事物”。

说得更详细一点，“你想要的事物”就是能够刺激到你的欲求，让你想要采取行动，“想买”“想用”“想做”的事物。比如：

- 在店里看到某款产品，让你想要购买。
- 得到了某项活动的消息，让你想要预约门票参加。
- 看到广告和包装设计后让你想要购买的某款产品。
- 看到一篇与自己的烦恼有关的文章标题，让你情不自禁地点开。
- 网上的搞笑段子太好笑，让你想要在聚会时模仿。

记下来，记下来……

无论它属于哪个领域，只要可以刺激你的欲求，对你来说就能成为“素材”。

就算“够有趣、够与众不同、够新”，只要无法激起你的欲求，就无法成为“素材”，不要记在“素材手册”上。

以我刚才列出的截图为例，写在第一行的素材是“泡沫会变色的洗手液”，记下这个素材就是因为我想购买这款产品。

我4岁的孩子总是不喜欢洗手。我当时的想法是如果用了这款洗手时泡沫会变色的洗手液，说不定能引起孩子的兴趣，让他愿意主动洗手，所以想要买来试试。

这是“我想要的事物”，因此对我来说就是“素材”。但是“不想要”泡沫会变色的洗手液的人就不必记下这条信息。

假设有一条类似的新产品信息是“淋浴时能用到的手枪型沐浴液”。我就算看到这条信息也不会记录下来，因为我不想要这个产品。虽然它特别又有趣，是我从没见过的产品，但也仅此而已。

那么，为什么只能记下自己“想要”的事物呢？

只是“有趣”“前所未有”“新颖”并不能成为策划

正如本章开头所说，策划的目的是为人们带来价值，满足欲求。就算一个想法做成了策划，如果所有人都觉得没必要而不去使用，这份策划就毫无意义。

做策划时，很多人最容易犯的错误就是，只因为一件事“有趣”“前所未有”“新颖”就将其做成了策划。

在工作中，我曾经做过这样的事情，明明就算产品上市自己也完全不会去买，却因为新颖有趣而提交了策划书。也许读者中会有感同身受的人。

无论工作经验多丰富，也无法避免这样的错误。

如果提交策划案有时限，到了“必须交出东西”的时候更容易犯错。

另外，大家也做过不自觉地遵循上司的喜好、只讲究表面功夫的策划吧。

以上这些策划都不能看成真正的策划。

假设这样的策划侥幸通过，产品最终上市，也会成为没有人愿意买的东西，就算运气好一点有人来买，也不可能成为爆款产品。

策划是为了满足人们的欲求，是为了实现“想要类似事物的人”的愿望。

因此，最重要的是做策划工作的人自己必须“想做这样的事，想使用这样的产品”，否则无法做出好的策划。

正因如此，在收集作为策划材料的素材时，只需要记录自己“想要的事物”。只有你自己相信能勾起人们欲求的素材，才能写在素材手册中。

只是“有趣”“前所未有”“新颖”的事物并不能做成产品策划，要贯彻这一原则。

02 上网搜索素材的窍门

寻找素材要关注“欲求”

我每天都会参加各种公司的策划会，协助建立公司内部的策划小组。在和各种各样的人交流的过程中，我经常听到这样的声音：

“我已经无欲无求了……”

我多少能理解这样的心情。

要说我真正想要的东西，大概就是“家人每天都能健康生活”了吧。

不过说到“想买”“想用”“想做”和想要付诸行动的心情，每个人都能在日常生活中感受到。可以说生活就是由“欲求”联结而成的。在寻找素材的过程中，必须关注“欲求”。

收集素材的地点

那么，应该从哪里寻找“人们想要的事物”呢？

首先我要列举出的当然是网络。尽管信息媒体的形式多种多样，有杂志、报纸，等等，不过如今互联网在信息量和速度方面都表现得出类拔萃。

但问题是，在广阔的互联网世界中，该从哪里又该如何收集素材呢？我主要会使用以下两种平台：

1. RSS阅读器。

2. 推特。

接下来，我将依次为大家介绍它们各自的使用方法。

用RSS阅读器搜索

用最简单的话来说，RSS阅读器就是一种聚合信息的软件，不用直接打开新闻网站和博客等就能按照时间顺序看到新发布的消息。你只需要将其打开，就能看到定期关注的网站的文章是否有更新。

每个人的使用习惯不同，我喜欢的是这种软件的便捷性，它会清楚地显示文章的标题，看到感兴趣的标题后还可以点开查看内容。

闲暇时，我会在RSS阅读器上登录我收藏且关注的众多网站，查看最新发布的信息。我会持续关注拥有众多能刺激我自身欲求的信息的网站比如一些新闻网站、财经网站、技术或日常生活类网站。我关注的内容有流行信息、技术信息，还包括有趣的话题等内容。

另外，只要发现“想要的事物”，我就会保存在印象笔记中，事后复制到素材手册的“一行笔记”中（关于“一行笔记”请参考本书第46页）。

我登录的网站数量在10~15个左右。

每天大约会更新100条标题，我会一边滑动手机屏幕一边快速浏览。如果强迫自己必须收集大量素材，每天花太长时间浏览信息的话，就会渐生厌倦导致无法坚持，所以要抱着每天收集一个素材就是幸运的心态浏览。要让收集素材成为令自己感到愉快的事情。

而且登录的网站要随时更换。发现能收集到很多素材的网站时，要及时收藏到网站列表中，而关注过一段时间后，如果没找到太多想要的素材，则要从列表中删除。不要勉强自己，利用闲暇时间浏览信息，愉快地使用RSS阅读器整理素材吧。

从阅读器软件保存到印象笔记的示例

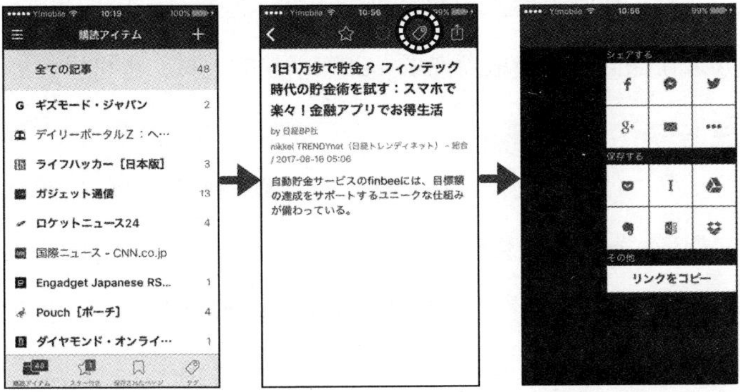

阅读器示例界面

点击右上角图标，将文章保存为素材

点击相应图标，保存完成

※ 以 iPhone 为例

在社交网络平台搜索

我会使用推特作为对RSS阅读器搜索的补充。我平时会关注300~400个社交媒体账号，我关注的账号同样会随时更换，始终保持最适合自己的状态。

使用社交网络平台有两个优点，以我个人使用的推特为例说明：

第一点，我不仅可以关注新闻账号，还可以关注自己感兴趣的朋友或名人，看到他们关注或转发的信息。看到别人对自己不知道的新闻的评论后，如果感兴趣，就可以收集成为素材。而且有些人习惯在推特上发一些自己平时的想法，如果在他们的推特里发现了自己感兴趣的素材，也可以收集起来。

第二点，是我经常使用的技巧，就是利用推特的检索功能搜索“想做”“想要”“想试试”“想尝试”等关键词，查看热搜，了解各种人的欲求。这些都是新闻中没有的宝贵信息。

让我们现在就尝试着搜索这些关键词吧……结果出现了“想要打造偶像”“想试试情侣装”等热门话题。以自己检索到的欲求为基础，想一想“如果是我，想要做些什么”，然后我得到了以下笔记。

- 偶像制作人1日体验服务
- 夫妻情侣装活动

顺带一提，大家还可以查看别人所关注的账号以作参考。

专栏

不要单纯记录他人的欲求，多想想自己要什么

我在本节中向大家介绍了在社交网站平台上找到“关于欲求的推文”后，以他人的欲求为基础，思考“自己想要的事物”，从而得到素材的方法。

例如，在推特上可以看到各种人的欲求。

刚才我举的两个例子中，无论是“想要打造偶像”还是“想试试情侣装”，都是他人的欲求，而并非我自己的欲求。

因此在思考方案和策划时，很难和自己“想要”的策划配对起来。

这时我们需要做的是，不要仅仅单纯地记录搜索到的欲求，一定要以他人的欲求为灵感，只有在能够由此想到自己想要的事物时才记录。

从刚才的例子出发，因为“我并不想当偶像制作人，不过如果有1日体验之类的活动，我会想要试试”，所以我记下了“偶像制作人1日体验服务”的笔记。

情侣装同样如此，因为“如果活动要求夫妻共同参加的

话，我想去试试”，所以写下了“夫妻情侣装活动”的笔记。

他人的欲求充其量只是提示而已。

请大家重视自己的欲求。

03 现实生活中同样处处是素材

店面和包装是灵感的宝库

我会充分利用“实体店”，它们与网络、杂志和报纸等信息媒体同等重要。通过观察各式各样的商店，能够得到大量信息。

我曾经多次说过，要记录的是“想要的事物”。商店的功能是售卖商品。

商店里出售的产品种类繁多，有自己想买的，也有和自己没什么关系的。通过在各式各样的商店内浏览商品，判断哪些是“自己想买的”，哪些是“自己不想要的”，就能够收集到众多素材。

产品的包装特别能带来灵感。

包装是开发产品的负责人绞尽脑汁设计出来的，能最大程度地传达出产品的优点。如果你在看到包装时产生“想买”的冲动，或许正是因为包装产生了效果。

刺激你欲求的究竟是包装上写的宣传语，还是标识的设计，又或是包装的形状和材质……

如果能找到让自己想要购买的理由，就可以一起记录在素材手册中。

与他人交流也能获得大量素材

另外，在与他人一起用餐时的对话中，也能发现很多宝贵的素材。我如果遇到了有趣的人，就会经常邀请对方单独用餐，也就是所谓的“边吃边聊”。

如果只邀请对方一个人，就能尽情问出自己想问的问题，我一定会问的问题是对方喜欢的事物和最近沉迷的事物，从而了解除自己之外的人“想要的事物”。

谈到对方最近想买的产品、想要的东西、工作上想要做的事和将来的梦想等话题时，如果能够产生共鸣，发现自己想要的东西和想做的事情等新信息，我就会记录在手机里。有时边聊天边看手机会显得不礼貌，所以要事先征求对方的同意后再打开手机记录。

另外，还可以在不泄露商业机密的范围内，试探对方对自己正在制作的策划是否感兴趣（详细方法请参考本书第105页）。

问问对方“如果有这样的产品，你会不会想要”等问题，看看对方的反应是客套的回应还是真心感兴趣，就能了解自己策划的产品究竟好不好。

也许通过和不同的人聊天记录信息，是制作策划最简单的方法。

要尝试了解自己完全不感兴趣的领域

如果能在自己不了解的领域收集到“想要的事物”的信息，你的素材手册将会升级，不过这就属于高级技巧了。

无论是在网上浏览文章标题，还是在逛商店时看到实体产品，人们最容易注意到、想要记下来的大多还是自己喜欢的类型的信息。不过即使在与自己想做的事情没有直接关系的领域中，也能找到能刺激到自己欲求的信息。通过加深对新领域的了解，还可以扩展自己的知识和思维的广度。

我希望大家特别关注的是自己完全不了解的标题。可以是在网上看到的，也可以是在报纸或杂志上读到的。只要带着好奇心去研究，就有可能踏入新的领域。

然后要试着阅读内容。如果其中有“自己想要的事物”，就要作为素材记录下来。

通过这样的尝试，可以扩展自己想要的事物的范围，增加制作出新策划的可能性。

我说一个自己的经历，我曾经在网上看到一个标题，里面有个词是“coupling fragrance”。

我不知道是什么意思，不过根据字面推测，应该是跟美容相关的女性方面的文章，应该是一款香水。老实说，我对“美容”领域确实没什么兴趣，看到类似的文章总会一扫而过，不会点开细看。

但是我想到在平时不关心的领域才有机会创造新发现，于是特意点开那篇文章看了看。

于是我知道了“coupling fragrance”的意思是指男女会使用不同类型的香水，在享受彼此香味的同时，还能够享受两种香味的融合。我个人对喷香水没有兴趣，不过想到如果我的女朋友为了来见我而精心选择香水，心里就觉得美滋滋的，于是我发现了以前没有想到过的欲求。

这就是男性“希望女性做的事情”。以这份欲求为灵感，就有可能开发出以男性为受众的女性产品。

工作中，有时需要负责与自己的兴趣完全没有关系的领域。

这样的工作似乎很难，其实反而是机会。如果能发现让对产品没有兴趣的人产生“欲求”的要素，就有可能做出受到所有人欢迎的爆款产品。

04 不要让脑海中的素材溜走

脑海中突然出现的“想要的事物”也能成为素材

我已经为大家介绍了在互联网和现实中收集素材的方法，其实在灵光一现的想法中，也会有自己“想要的事物”。

素材手册中除了记录能引起你注意的素材之外，也需要记录灵光一现、没头没尾的想法。

因为这些想法很重要，包含着你自己的欲求，是你希望有却没有的事物，而且是世界上独一无二的宝贵素材。

比如，我有一天突然冒出了一个想法：“虽然有不少以交换名片为目的的活动和交流会，但是这种在活动上交换的名片很难记得住每一张都对应什么人，因为有太多都是没意义的活动。如果举办一场交流会，规定每个人只能交换一张名片，说不定会有非常珍贵的邂逅。就像商界的NERUTON[①]一样，表白后交换名片……”

这不是我从别处得到的信息，完全是自己想要做类似的事情，所以绝对是有必要记下的创意。这种情况可以在手册上写“只能交换一张名片的‘商界NERUTON’”，同样会成为优秀的素材。

只要是自己想要的事物，无论是已经存在的产品，还是想象中希望得到的东西，都是日后制作策划的重要素材。

记录灵光一现的想法需要一些技巧，之后我会详细介绍（请参考本书第53页）。首先要有意识地在日常生活中的各种情景中寻找“自己想要的事物”，在此过程中，要有意识地在素材手册上记录浮现在脑海中的“想要”“想买”的东西。

通过这种方法做成的素材手册中既有了从外部发现的素材，又有了从个人欲求中得到的素材。这两种素材并不需要分开整理。

---

① NERUTON：20 世纪 80 年代后期到 90 年代前期的富士电视台综艺节目。是一个普通人的集体相亲节目。全名是“NERUTON 红鲸团”。由“面对面”“自由时间”等环节组成，最终环节是男性向女性表白的“告白时间”，在其他男性向自己中意的女性告白时，嘉宾可以高喊“等一下”，这句话会让节目达到高潮。节目名称“NERUTON”也成为了集体相亲的代名词。

只需要列举出所有自己“想要的事物”，就能让素材手册每天升级，不断进阶。

专栏

养成写电子日志（博客）的习惯，发现自己的感受

我每周会发一次电子日志，记录的都是些漫无边际的闲话，比如日常发生的事情和感受，或者自己的欲求，希望以后会有什么样的产品等。因为这是发给读者的博客，所以必须每周发一次，要求有强大的自制力。

因为要收集能写在电子日志中的话题，所以我养成了记录日常感受到的欲求的习惯，而且有了能记录自己欲求的媒介，就能够愉快地坚持寻找素材了。就个人而言，我最推荐的模式是定期发布电子日志，不要偷懒，可以选择适合自己的社交媒体发布，坚持在这个过程中寻找素材。

05 保证随时随地都能查看素材手册

用智能手机上的印象笔记做素材手册

我已经为大家介绍了收集素材的方法，那么素材手册应该放在什么地方（在什么地方记录）才好呢?

为了能够高效地持续记录素材，重点在于要找到适合自己的方法。我此前已经尝试过各种各样的方法，根据我的经验，最好能够准备一个随时随地可以查看的素材手册。

刚才也稍微提到了一些，我现在在使用印象笔记制作素材手册。在手机端和PC端都可以登录，如果查找或者想到什么素材，只需要打开印象笔记中的“素材手册”输入就可以。

我完全没有给素材分类，只是将所有“想要的事物”混在一起，也没有必要按照日期分类。只需要一行接一行地写，保证自己在回顾的时候能看懂就可以了。

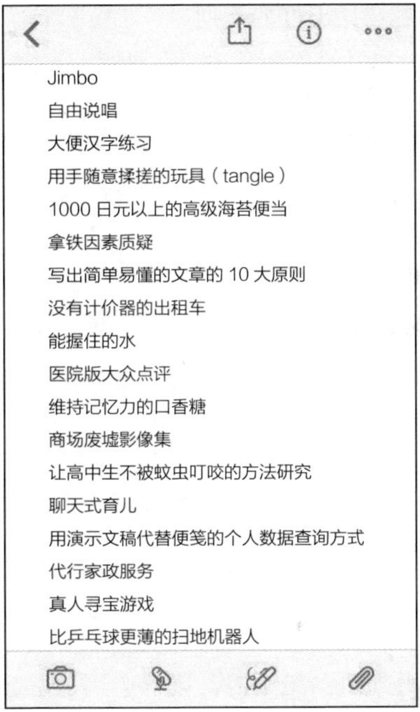

选择这样杂乱的记录方式有两个重要原因。

第一，轻松。没有必要花时间整理素材手册。

简单来讲，要将记录素材当成方便迅捷的方法，不需要有繁复的事后整理工作。否则就会因为整理工作费时费力，导致无法坚持收集素材的遗憾结果。

第二，以各种各样的素材为原材料，让它们之间产生化学反应，会更容易做出好的策划。

如果素材手册太整洁，等到制作各种不同主题的策划，想要从中找出灵感时，就会失去产生化学反应的可能性。

比如在看到与绯闻有关的文章题目“防止出轨的方法”时，我会将这篇文章当成素材记录下来。大家一定认为这种素材比较容易与适合面向成年人的产品联系起来吧。

可是在构思幼儿玩具的策划时，或许能够从这条素材中得到灵感，浮现出崭新的想法，比如防止出轨的幼儿玩具（比如下页图中的玩具，虽然不知道能不能实现……）。这时，如果素材已经按照领域分好类，新组合诞生的可能性就非常低了。

在构思幼儿玩具的策划时，或许会用到看起来对构思面向成年人的杂货更有用的笔记。这里蕴含着思维突破的可能性。

因此，为了在思考一个主题时能够从各种各样的素材中找到灵感，请大家不要整理素材，让各种领域的素材混在一起吧。

防止出轨、婚外恋的幼儿玩具

特点

必须由爸爸和妈妈两个人操纵的人偶

↓

因为操纵时必须手拉手，所以能够促进夫妻感情

06 “一行素材”的记录方法

与3种素材类型对应的“一行”写法

“记录素材”时，我基本会每行写一条素材。不过这“一行”中也有门道。我将“一行素材”的写法分为以下3种。

1. 只要搜索就能理解的素材类型。

2. 搜索后能快速找到信息来源的素材类型。

3. 搜索后依然无法理解，所以要写成之后才能回想起来的内容。

接下来我会依次说明。

只要搜索就能理解的素材类型

比如见到有趣的“产品”或“服务”时，我只会记下产品名和服务名称。现在网络搜索非常方便。如果是以后回看素材手册时搜索词语就能完全理解意思的素材，只需要记下名称就够了。

很早之前，我在网上第一次了解到“Uber（优步）”和“Airbnb（爱彼迎）”，觉得想要尝试，于是只在印象笔记里记下了Uber和Airbnb两个词。

应该有很多人知道，Uber于2009年诞生在美国，是使用智能手机打车的服务，而Airbnb则是民宿短租服务。

这两项服务如今已经非常有名，不过在我初次了解时，为了避免忘记，我在素材手册上记下了名称。

当然不仅仅是记录，之后一定要试着搜索，要确认在网站上搜索素材时能理解其中的含义。

顺带一提，也许有人觉得Uber和Airbnb已经普及并且规范化，此类笔记已经没有必要了，其实绝非如此。只要是“想要的事物”，无论何时都能帮助我们写出各种各样的策划。

以Uber为例，我身上曾经发生过这样的事情。

在构思玩具促销策划案时，我扫了一眼素材手册，看到了很久之前写的“Uber”，于是想到了在圣诞节时，制作一个与Uber作用相似的圣诞老人策划，名字就叫“大家都是圣诞老人”。

内容是用私家车为餐饮店送外卖。

我想实现的是一种方法与“UberEATS”类似，在圣诞节那天让司机穿上圣诞老人的服装，开车为大家送礼物的服务。

诸如此类，“想买”“想用”“想做”的素材或许能够“配对”意想不到的主题，从而产生新的方案（第2章将为大家介绍“配对”）。

搜索后能快速找到信息来源的素材类型

接下来，我将为大家介绍如何记录搜索后能快速找到信息来源的笔记。

比如在商店里看到一款产品，看到产品的包装袋设计后不由得想要购买，可以在手册里上记录“○○○（产品名）的包装袋”。

浏览素材手册时，如果需要构思包装袋的设计，只需要在网上搜索即可，如果不需要构思包装袋的设计就可以跳过这一条。如果觉得这条素材最近一定会回顾，可以将网址复制粘贴在素材手册中。

顺带一提，我在2017年做策划开发时，发售了一款卡牌游戏“民间艺术运动场”，其包装设计就参考了市场中一款产品的包装。

包装的重点在侧面。

所有卡面都排列在侧面，自然而然地传递出一个信息，只要购买就能一口气得到所有魅力十足的卡牌。

我参考的是一款名叫“胖虎猛言扑克”的产品，包装背面排列着全套卡面，购买时能够感受到得到众多卡牌的快乐，我从这款产品的包装设计中获得了灵感（顺带一提，我在看到“胖虎猛言扑克”的瞬间就买了下来）。

此类素材应该在笔记中明确写出“可以作为参考的点是什么”。

配色、宣传语、内容物的一部分……写出哪里是自己需要的“素材”会方便以后查找。

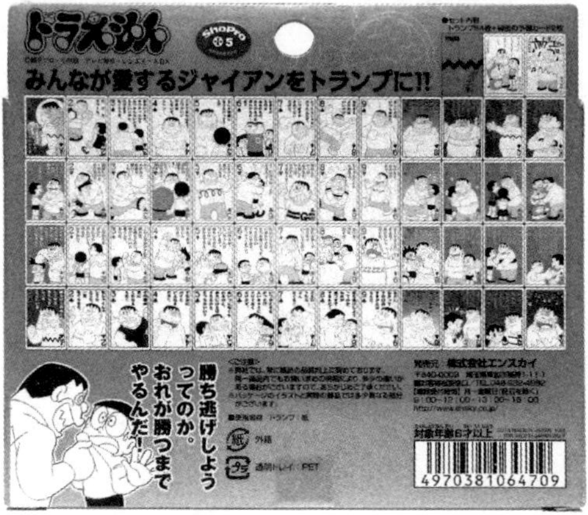

（© Fujiko-Pro, Shogakukan, TV-Asahi, Shin-ei, and ADK）

“胖虎猛言扑克”

背面列出了所有卡面，展现产品的大容量，传递出能得到全套卡牌的喜悦。

“民间艺术运动场”

盒盖的四个侧面列出了所有卡面。我参考了上图用包装设计传达产品信息容量大的方法。

搜索后依然无法理解，所以要详列要点才能回想起来的素材类型

最后一种情况主要出现在记录浮现在自己脑海中的素材时，也就是记录搜索后依然无法找到、自己想出来的素材时使用的方法。

比如，我在咖啡馆工作时，会觉得坚硬的椅子坐得人腰酸背痛，长时间在电脑前工作肩膀会疼，于是希望有人能来帮我按摩。

以此为契机，我开始天马行空地想象。

“要不要去一下快速按摩店呢？可是按摩后再回到咖啡馆的话，又要再点一次饮品了。如果咖啡馆里有快速按摩服务就好了。”

“如果有按摩咖啡店是不是很不错？而且不仅仅是按摩，要是能一边享受揉肩膀的服务一边用电脑工作就好了……”

“按摩师还要是聪明可爱的女孩子，能和我讨论工作上的问题或者解决烦恼就更好了。”

要将诸如此类浮现在自己脑海中的想法记录下来的话，可以写成“肩膀按摩咖啡馆可以和女孩子讨论工作上的问题”。

浮现在脑海中（灵光一闪想到）的素材在记录时需要详细一些，让自己以后浏览时能准确回忆起当时的想法。

不过如果记录得太长，会既花时间又费事，因此尽管需要稍加练习，最好还是能用尽可能简洁的文字写下主要内容，以便浏览时能回忆起自己想要的原因。

练习方法是用尽可能简短的文字向未来的自己传达“想要的事物”。

能顺利总结出要点的素材在以后有可能成为策划的绝佳材料。越能用简短的语言传递内容，并且能激发受众“欲求”的策划，就越拥有强大的传播力。概括笔记的技能训练同样可以帮助我们寻找能成为优秀策划材料的素材。

07 随时能将素材立刻写成笔记的技巧

灵感一闪而逝太可惜

制作素材笔记的根本原因，就在于将无法保存在头脑中的策划材料放在能随时找到的地方，做成一览表。

大脑很快就会忘记。

无论得到了多么新颖的信息，要是会不断遗忘就没有意义。为了今后能制作出更多策划案，要养成立刻将素材写成“笔记”的习惯。

就算放着不管，大脑也会24小时不断思考，所以有时候会突然有灵感一闪而过。如果大意放过，灵感就会以惊人的速度消失。

消失的素材也许本可以成为了不起的策划，错过就太可惜了。

消失的素材说不定价值上千万甚至上亿日元。

比如我想到“无限气泡”的时间就是在开策划会的前一天，而且当时已经很晚了。

当时，我对要在第二天的会议上提出的策划不太满意，正在办公室里走来走去不知如何是好，突然看到了气泡纸，于是灵光一闪，觉得如果能一直捏气泡一定很开心。

智能手机当时还没有出现，于是我匆忙回到办公桌前，记下了灵光一闪的念头（素材），一口气完成了简单的策划概要。如果当时没有记下来而只是记在脑中，说不定就会忘记，这款爆款产品便无法诞生了。

另外，我刚才一直在推荐并且介绍印象笔记，但实际上我用现在的智能手机打开印象笔记要花上几秒钟才能启动，甚至会出现在启动的过程中已经忘记要记录什么的情况。

因此，当我脑海中浮现出非常好的素材时，我会打开邮箱，总之先输入内容。也许大家会觉得这个方法很原始，不过记录找到的素材就是如此重要。

不要放过洗澡时和睡觉时的灵光一现

忘记（失去）素材这种事发生得最多的时间，就是洗澡和睡觉的时候。

在想方案想得脑子一团糨糊时洗个澡，然后钻进被子里放松，思路有可能会神奇地清晰起来，突然想到新创意。

为什么绞尽脑汁后一旦放松，就会突然冒出灵感，我并不是很清楚其中的原理，不过我身上确实发生过这样的事情。

如果放着灵光一现的创意不管，它们真的会在一瞬间消失。

如果躺在床上时灵感冒出，只要事先把手机放在枕边就好，难的是洗澡的时候。

我在浴室的墙上贴了一块防水白板，原本是给孩子画画用的，洗澡时我会利用它，这样想到什么就能马上写下来。

请大家绝对不要放过有可能会成为宝贝的素材。

用便笺记下开会时想到的创意

开会时，大家都在发表自己的意见，我自己的脑海中也会浮现出各种想法，结果在寻找开口的机会时，这些想法可能会溜走。大家有过同样的经历吗？这也是很可惜的事情。

有的人不擅长在会议中发言，会因为找不到开口的机会而不知所措。为了抓住机会说出自己的想法，要提前做好笔记。

我的技巧是将开会听别人发言时想到的创意写在便笺上，贴在自己面前的桌子上，作为“子弹”来使用。

这就是会议临战准备笔记。为了避免创意因为没有发言的机会而消失，我会事先写在便笺上贴在眼前，等到大家停下讨论时发言。也会有没说出口就带回家，成为自己的素材的情况。

另外，如果在面前贴很多便笺，说不定会有人来问“那是什么”，这正成为发言的好机会，可以与大家共享自己的想法，然后扩充内容。

大家一定要注意开会时自己脑海中的想法，练习将它们记录下来。这样一来，就算不擅长发言，也可以在会议中找到能在讨论问题时做出贡献，或者留在自己的素材手册上的创意。

到这里为止，第1章已经为大家介绍了积累身边发现的素材，以及浮现在脑海中的素材（想要的事物），做出自己专属的素材手册的方法。

在下一章中，我们要使用积累的素材，大量产出能够成为策划原案的创意，此方法的重点在于“配对”。那么，让我们进入十分愉快的“创意创作”阶段吧。

第2章

解救创意枯竭的“配对笔记”

01 使用素材笔记，不断创造出能成为策划的创意

制作策划就是先想出大量创意

就算有了素材手册，也没办法制作出能立刻完成的策划。首先，要想出能够成为策划“原案”的创意。在本章，我将为大家介绍方法。

简单来说，制作策划的流程就是先想出大量创意，然后以从中选出的创意为基础，构思给人们带来价值的具体方法。

也就是说，创意生成可以被认为是做出策划的前一个阶段，不用在意其是否能够实现，它是一个更加自由而令人愉快的创造性阶段。

策划出满足顾客欲求的产品比销售战略理论的选择更重要

制作商业策划时，“销售战略”是指给顾客带来价值、高效获取收益的方法。制定“销售战略”的基本流程如下：

1. 环境分析→掌握目前的市场状况（3C、SWOT等分析模型）；

2. 基本战略→以环境分析为基础确定作战方针（市场细分、选择适当的市场目标、定位等）；

3. 具体措施→确定推进基本战略需要做的事情（4P等营销理论）。

应该有很多人曾经学过类似的基础销售战略，并且有机会实践，关于此类内容的教科书也有很多。

也许销售战略的顺序很重要。但是在我的想法中，最重要的是“最终要做什么”。也就是说策划提供的产品能在多大程度上满足人们的欲求。无论多么严格地按照销售战略的理论去思考，如果最终输出的产品不能满足人们的欲求，也将毫无意义。

我认为如果在一开始就过分拘泥于销售战略理论，反而无法创造出竞争力强的产品，甚至会让策划变得无聊。

另外，虽然销售战略可以从教科书里习得，但是策划和方案并不是那么简单就能想到的。我在步入社会的头一年就负责过产品策划，却没有人明确地教过我做策划的方法。

因为人们普遍认为策划和方案是非常依赖个人天赋的东

西。有的人确实天赋很强，但是如果真是这样，那么没有天赋的人就始终无法做到了。

实际上，认为制作策划和方案需要天赋的想法是错误的。

面对你的“课题”，活用素材手册

在工作或者日常生活中，每个人面前都会出现必须解决的“课题”。

在工作上，会有“做出爆款产品策划案”“想出促销方案”“思考改善业务的方案”等课题。在兴趣、学习和家庭方面，也会有各种各样的课题。

看过第1章的读者已经知道了有一种原创“素材手册”，用来列出自己想要的事物的信息。素材手册不是一朝一夕就能做好的，不过如果能愉快地让自己的素材手册进化，它就能逐渐成为策划时的强大武器。

只要有了这本素材手册，就能轻松量产出能够成为策划的创意。

那么，我将从下一节开始为大家说明创意量产的方法。

02 创意构思有三大原则，先求量多再求好

创意构思的三大原则

构思能成为策划的创意时，有三大原则。

这些原则是我根据自身的经验总结出来的，内容如下。

1. 创意是从“课题”×“素材（想要的事物）”中产生的。

2. 创意的量比质更重要。

3. 要以不能用的创意为跳板。

第1项是构思创意的基础。创意会成为策划的原案，构思时应该自由组合素材（想要的事物）中的信息，想出能刺激人们欲求的创意。不过在详细介绍方法之前，我会首先为大家说明构思创意时重要的思考方法，也就是上文中的第2项和第3项。

创意的量比质更重要

首先，第2项“创意的量比质更重要”是构思创意时的绝对原则。

我经常会收到“想个创意出来”的指示，于是被“必须想出来”的使命感推着开始构思，结果头脑一片空白，什么都想不出来。大家是不是也有同样的经历呢?

这是“想要找出好创意”导致的结果。

接到构思创意的指令后，人们自然而然地认为必须“想个好创意”，事实上，对方也许在大多数情况下确实是这个意思。我在教授策划术的讲座上担任讲师时，在开头的时候会问“觉得自己擅于构思创意的人请举手”，这时几乎没有人会举手。这也是大家将创意等同于好创意的表现。

我可以断言，人们是不可能一下子想出好创意的。

我做专业策划师已经十几年了，却从来没有一次能够立刻想到好创意。

想要一上来就找到好创意的思路本来就是错的。要想找到1个好创意，必须先想出10个、20个甚至30个创意。这是找到好创意的捷径，只要多加练习，谁都能做到。

好创意是百里挑一的

如果想要一下子找到好创意，就会渐渐失去自信，觉得厌烦，最后停止思考。

但是如果不在乎质量，不断拿出脑海中的所有想法，假设能想出100个创意，你就得到了100个创意中最好的一个。如果将这件事当成考试，100个人中只有一个人能合格，这个创意就相当于那一个最优秀的人。选项基数越大，其中最好的创意就越优秀。

当然，我并不是说我能立刻想出100个创意，不过这个方法确实比一下子就想出一个好创意更实际，也是所有人都能做到的轻松方法，希望大家能够实践。

我刚开始从事创造性的工作时，总是拿不出像样的创意，确实是因为一心寻找“好创意”导致思维停滞了。不过在我活用素材手册，使用本书中写到的方法思考后，在1个小时里想出100个创意就变得简单了。

这些创意基本上都是没法用的创意。不过我确实得到了100个创意中最好的创意。

要以不能用的创意为跳板

第3项原则“要以不能用的创意为跳板”是为了实行第2项“量比质重要”。

就像我刚才说的那样，一开始只要有一丁点儿“想要找到好创意”的意识，就会妨碍思维。

想要得到很多创意时，第一个写出来的创意反而最好写成让自己觉得“不是个好创意”“肯定不能用”的创意，比如“已经存在的产品”“太普通的产品”“像哆啦A梦的道具一样无法实现的产品”，等等。

这样一来，以不能用的创意为跳板，然后逐渐改变视角，“稍微做些改变的创意”“利用逆向思维想出的创意”“靠近现实一些的创意”就更容易一个接一个蹦出来。

就算自己意识不到，人也会向更好的方向修正想法。我希望大家明白，首先从想出创意开始，然后不断增加数量是最重要的事情。只要有了第一个创意，然后不断做出更改，脑海中就会不断浮现出“好像不错”“说不定很厉害”的创意。

其实，只要使用我在下文中将要介绍的“配对”创意构思法，就会出现很多自己都完全弄不懂的创意、不可能实现的创意和与主题完全无关的创意，不要去制止这些自然而然地浮现在脑海中的创意。

在创造创意的阶段，反而应该先想出不能用的创意，然后不断写出脑海中浮现出的创意。

03 “主题”×“素材”的“配对笔记”能迸发耳目一新的创意

理解“配对”的基本形式

创意是策划的基础，通过“需要思考的主题”×“素材”的“配对”方法来创造。

假设你现在必须想出一款新的健康管理应用软件，也许是公司的要求，也许是你自己想做的项目。总之，你希望做出一款有很多人使用、为大家提供价值的应用软件。

在这种情况下，主题就是“健康管理应用软件”。将这个主题与你写在素材手册上的素材相配对，就能不断构思出创意。

无论是什么样的主题，如果要问应该与什么样的素材相配对，答案简单来说就是“什么都可以”。详细内容我会在第96页进行说明，总之将各种“想要的事物”与不经过选择的素材逐一配对，新创意就会不断增加。

让我们试着实际操作一次吧。比如素材手册中写着“代行家政服务”。写这个素材时，我大概是从希望家里能变得干净整洁的欲求出发，想到了希望得到这样的服务。

如果将这个素材与“健康管理应用软件”配对……

“健康管理应用软件”×“代行家政服务”=？

会产生什么样的火花呢？我眼前出现的第一个创意是“能轻松地找来私人教练的应用软件”。

如今这个时代，代行家政服务有很多，只要用应用软件预约，就会有钟点工来将家里打扫得一干二净。

以此类推，我顺着这个思路想到了“只要通过应用软件预约，就能立刻上门服务的私教服务”。不要管这个创意好不好，有没有可能实现，这个创意是我第一时间凭直觉想到的。

我刚才简单地描述构思的流程，不过或许有人没办法按照我的思路想问题。但是请放心，只要大家了解了这种方法，就能轻松地做到我所做的事情。下面，我将为大家详细说明。

“配对”究竟是什么

首先，要想出记录素材时“想要的理由”。也就是说要想起来自己“为什么要记下这个素材”。以刚才的“代行家政服务”为例，我记录时“想要使用”的理由很多，有：想用专

业技术将家里打扫干净

- 想轻松
- 想给妻子一个礼物
- 希望房子能住得更久
- 不想碰脏东西
- 想试着花一大笔钱，奢侈一把
- 想在干净的浴缸中泡澡
- 想让家里的气味更好闻
- 防霉
- 想让家人开心
- 想试一次类似的服务
- 如果运气好，说不定能碰到帅气（可爱）的家政人员……

只要愿意思考，就能找到很多理由来解释自己为什么想记下某一项素材。想到理由后，要试着和主题配对起来。

【主题】健康管理应用软件
×
【素材】代行家政服务

		【配对后得出的创意】
欲求 想用专业技术将家里打扫干净	→	**让专家进行个人指导的应用软件**
欲求 想轻松	→	**指导用户用不会腰痛的方法打扫房间的应用软件**
欲求 想给妻子一个礼物	→	**能将健身计划作为礼物的应用软件**
欲求 希望房子能住得更久	→	**介绍长久保持身体健康的方法的应用软件**
欲求 不想碰脏东西	→	**净化身体内部的游戏软件**

【主题】健康管理应用软件 ×【素材】想要代行家政服务的理由

想用专业技术将家里打扫干净	让专家进行个人指导的应用软件
想轻松	指导用户用不会腰痛的方法打扫房间的应用软件
想给妻子一个礼物	能将健身计划作为礼物的应用软件
希望房子能住得更久	介绍长久保持身体健康的方法的应用软件
不想碰脏东西	净化身体内部的游戏软件

通过“配对”的方法自由发散思维，将“想要这个素材的理由”应用到需要思考的主题上，这就是构思创意的基础。

顺带一提，我在用这种方法构思创意时，并不会将想要这个素材的理由一一写出后再与主题相配对。想要这个素材的理由（上图中阴影区域的内容）只需要留在脑海中就好，需要写下的只是联想到的创意。

不过刚开始练习时，可以在本子上列出“想要这个素材的理由”，然后与主题一一对应来构思创意。逐渐熟悉后，就能够量产出各个方向的创意，也更容易找到与策划契合的创意。

“配对”的过程能够反映个性

如果用语言来解释“配对”这种方法，可以总结成一句话，那就是将各种“想要这个素材的理由”应用到主题上，自由联想出新的“想要的事物”。

也许有人会觉得我的解释含糊又不负责任，但是“自由联想”能够反映每个人自身的经验和追求，能够反映个人的嗜好，这正是创造创意的有趣之处。

另外，通过“配对”诞生出的创意没有好坏之分，以刚才的“配对”为例。

欲求 不想碰脏东西 ⟶ **净化身体内部的游戏软件**

这个创意与原本想要素材的理由差距有些大，而且有些跑题。但是记录本身很重要。

如果因为觉得有些微妙而犹豫，只是想想而没有记录创意，那就太可惜了。之后回头来看，从“净化身体的游戏软件”这个创意中很有可能会诞生出新的创意，比如“如果有一边推进游戏，一边按照游戏的指示调整饮食，完成体内排毒的软件，也许我会想要试试”。

与不能用的创意进行比较后，就能发现好创意的“优点”，而且自己觉得没有意义的创意也很有可能在之后进化。

04 “配对笔记”的记录方法

用Excel制作并保存“配对笔记”

综上所述，我已经介绍了以素材笔记为基础构思创意的配对法，下面将为大家介绍实际操作，“配对笔记”应该如何写，应该写在哪里。

我一般会使用Excel来记录“配对笔记”。

如下两页的图表所示，输入需要构思的主题后，从印象笔记中将需要配对的素材（想要的事物）全部复制后粘贴在下面。这样一来，就形成了每行记录一个素材的格式。然后将主题与想要每个素材的理由配对，在右边一列写出能联想到的创意。

这时，如果能从一个素材联想到多个创意，就继续写在右边第二列。然后将想到的创意中自认为不错的应用高亮效果（其他保持原样）凸显出来（选择好创意的方法将在后文中列出）。

主题	A	B	C
1	能召集100个人的活动策划		
2	×		
3	泡沫会变色的洗手液	→	将牙齿刷得干干净净的活动
4	不太甜的甜酒	→	助消化活动
5	成人数学教室	→	成年人尝试高中教育
6	优势识别器①	→	匹配度诊断相亲
7	吸附型捕蚊器欢迎“蚊”来	→	学习不被蚊子咬到的方法
8	提供博客素材的AI	→	创作1个月的博客素材的活动
9	初次参与抢答题的抢答比赛	→	不会也能赢的抢答比赛
10	能让人更加上相的练习镜	→	拍摄照片的竞赛活动
11	敷衍了事和等闲视之的区别报道	→	在小学里学到大人的常识
12	The Sliver Pro给爷爷奶奶的信	→	和父母深入交流的活动

素材

① 优势识别器：美国盖洛普公司开发的软件，在网上依靠直觉回答 177 个问题，即会生成一份自身优势的报告，其中在 34 个主题中排列前五的作为个人的“五大主题”，其余根据得分依次排列，而当自己得到自身优势的报告后，即可根据优势进行重点培养和发展，报告中会生成相关建议，供个人和组织参考。

	D	E
	和孩子一起学习正确的洗手方法	
	让大家观看肠镜的影像	小区花会（让小区而不是肠道变得生机勃勃）
	交换性格活动	变成完全相反的性格的活动
	抢答器会议	
	洗照片学习会	
	写出最想点击的报道的活动	
	与爷爷奶奶深入交流的活动	

创意

高亮：自认为好的创意

为了方便保存，我用Excel作为记录电子版“配对笔记”的软件，当然，认为手写更好的人也可以在笔记本上手写。

记录创意时，最好选择自己操作方便、更容易想出创意的方式。不过在纸上手写“配对笔记”，构思出各种创意后，我建议大家选择某种方法保存下来。

无论是什么样的创意，如果忘记，如果再拼命回忆也不能将其忆起，都是非常令人遗憾的事情。

05 来进行“配对”实践吧

谁都能做到的“配对”

下面，我会列出几个“主题”，用写在素材手册上的“想要的事物”来想出很多创意。

如果各位读者愿意，也请一起来动手动脑吧。

我想大家现在可能还没有素材手册，或者刚刚开始制作素材手册，所以大家可以用我平时就在使用的一部分素材笔记，内容附在本书末尾，也可以从现在开始在网络或者店铺里找出10个左右“想要的事物”写在素材笔记上。只要有10个能用的素材就可以。

以构思“新笔袋”的创意为例，手把手带你自由构想

接下来，我们从产品开发的创意开始。

假设大家负责品牌的策划开发，现在的任务是根据公司的方针开发新笔袋。

也就是说，现在的主题是“笔袋”。

我会尝试使用素材手册量产能形成策划的创意。

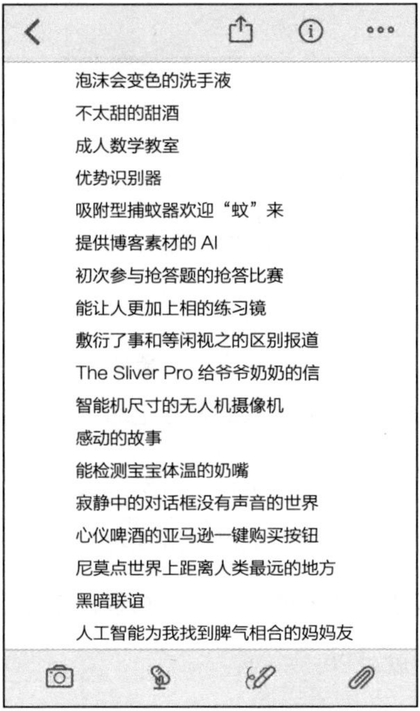

首先，让我们试着将素材手册上的第一条“泡沫会变色的洗手液”与主题相配对。

【主题】笔袋×【素材】泡沫会变色的洗手液

欲求 让孩子主动洗手	→	**主人越努力越会得到表扬的笔袋**
欲求 想看到颜色改变的样子	→	**会随着气温变色的笔袋**
欲求 想告诉别人自己的体验	→	**会主动递笔的笔袋**

接下来，以其他素材为基础也能不断想出创意。

我平常工作时会像第86~87页中那样在Excel上列出配对的结果。

请大家试着像下面所示一样自由地写出几个配对后的创意，每个创意后面都要列出思考的过程。

下图中显示高亮效果的创意是我认为“或许不错”的创意，让我们看看其中的内容。

●笔袋×泡沫会变色的洗手液

➡主人越努力越会提出表扬的笔袋

从想让孩子对会变化的泡沫颜色产生兴趣、养成主动洗手的习惯这一“欲求”出发，我想到了能激发学习动力的笔袋→会表扬主人的笔袋。

●笔袋×优势识别器

	A	B	C
1	笔袋		
2	×		
3	泡沫会变色的洗手液	→	主人越努力越会得到表扬
4	不太甜的甜酒	→	用了之后肠道更健康
5	成人数学教室	→	带函数计算器
6	优势识别器	→	可以通过选择的笔判断性格
7	吸附型捕蚊器欢迎“蚊”来	→	蚊子不会来
8	提供博客素材的AI	→	授人以鱼不如授人以渔
9	初次参与抢答题的抢答比赛	→	带计时器
10	能让人更加上相的练习镜	→	笑一笑，打起精神
11	敷衍了事和等闲视之的区别报道	→	写下一定要记住的事情
12	The Sliver Pro 给爷爷奶奶的信	→	世界上第一款复制笔袋

➡能随着人体节律、身体状况变色的笔袋

从想要知道自己的强弱项这一欲求出发，联想到可以通过颜色变化反映人体节律（今天的状态）的笔袋，从而确定出今天是努力学习还是休息。

●笔袋×能让人更加上相的练习镜

➡能在中途督促主人做伸展运动的笔袋

为了更上相，人们会想要放松控制表情的肌肉，从这一欲求出发，我想到为了避免在学习的过程中出现肩膀和腰部僵硬、有损健康的情况，到一定时间（可以用发条等控制）

D	E
会随着气温变色	能主动递笔
带暖水袋	
辞典型（中空）	带呼叫器设计，或者怀旧设计
特定学科专用	能随着人体节律、身体状况变色
能吸引异性	
容易分享在博客和社交软件上	
主人睡着会叫醒	能发送每日问题的在线笔袋
中途会督促主人做伸展运动	
每次打开都会教主人英语单词	
写下遗书	

就能督促主人根据指示做伸展运动的笔袋。

●笔袋 × The Sliver Pro 给爷爷奶奶的信

➡世界上第一款复制笔袋

从“想和祖父母深入交流”这一欲求出发，我想到了如果使用祖父母小时候用过的笔袋，一定会很有感触，于是想到了复制陈旧物品的创意。

这样进行“自由构思”的效果如何？

可以从一个素材引出多个创意，熟悉后甚至能立刻想出数十个创意，可以从中选择好创意。选择好创意的方法我会在后文中介绍，首先请大家想出尽量多的创意。

这种方法在构思任何策划时都可以使用。就算不是产品策划，只要是满足人们欲求、赋予价值的策划，就可以使用同样的方法进行构思。

06 不要筛选素材，保持构思的自由度

不要筛选用来与主题配对的“素材”

在素材笔记上列举众多素材，在出现需要思考的主题时，不用思考“要用素材手册中的哪个素材与主题相配对”，使用任何素材都没问题。

我会在Excel上写“配对笔记”，使用的素材都是从印象笔记中随机选取一部分复制粘贴在Excel中作为配对材料，按顺序一个接一个配对。

假设主题是“玩具”，如果只选择与玩具关联较深的素材，就没有办法想出与众不同的创意。只有选择看起来与主题完全无关的素材，与“想要的理由”相配对，才能诞生出平时难以发现的创意。

从能想到创意的素材开始配对

下页图中的配对笔记是以“为口感酥脆的巧克力做宣传”为主题构思出的创意。在这个例子中，没有特意规定具

	A	B	C
1	为口感酥脆的巧克力做宣传		
2	×		
3	智能机尺寸的无人机摄像机	→	以咀嚼的声音为信号让无人机飞
4	感动的故事	→	令人情不自禁感动的广告
5	能检测宝宝体温的奶嘴	→	吃起来要花很长时间
6	寂静中的对话框没有声音的世界	→	在听不见声音的状态下进食
7	心仪啤酒的亚马逊一键购买按钮	→	以不甜却好吃为卖点
8	尼莫点世界上距离人类最远的地方	→	可以自己一个人吃的体验销售
9	黑暗联谊	→	在黑暗中品尝巧克力的体验会
10	人工智能为我找到脾气相合的妈妈友	→	AI会通知你适合吃巧克力的好时
11	Jimbo	→	向普通人征集主页的比赛
12	自由说唱	→	用rap讲述口味的广告

体的产品规格和目标用户层，而是尝试了自由思考。

下面我来为大家介绍几个配对后得到的创意。

●为口感酥脆的巧克力做宣传 × 黑暗联谊

➡在黑暗中品尝巧克力的体验会

从“想在黑暗中让五感更敏锐”这一欲求出发，如果巧克力以口感为卖点，可以通过举办在黑暗中吃巧克力的体验活动，让人们更容易体会到产品的美味，而且这样的活动具备话题性。

D	E
拍摄吃巧克力时口中景象的PV	
亲自感受精神满足的活动	对牙齿好
单独放大吃巧克力的声音	
在应用软件上输入“酥脆”就能送货上门	
无人岛旅行奖品	只要有巧克力就不再需要朋友
让感想相同的人配对	匿名赠送巧克力
讲述妈妈友之间的各种矛盾	为了解决矛盾赠送的巧克力
专门在策划会上吃的巧克力	吃巧克力的声音会变成乐曲

●为口感酥脆的巧克力做宣传 × 自由说唱

➡专门在策划会上吃的巧克力

我的脑海中浮现出“想要让即兴演说像自由说唱一样帅气”的欲求之后，联想到“想在公司的策划会上不断发言”的欲求，于是想出了这个创意。

我想到的电视广告内容是，演员吃过巧克力后，头脑在口感的刺激下更加清醒，工作顺利推进！

虽然我建议大家不要筛选素材，不过任何主题都不可能和所有素材顺利配对，有些素材会难以与主题配对。

比如上文例子中的主题与“黑暗联谊”配对后，我能够放飞想象，“在黑暗中让大家只体验口感”“是否能用在恋爱和联谊中”之类的创意一个接一个地出现。

另外，与“感动的故事”配对后，我一时想不到什么创意，于是选择了跳过，尝试和下一条素材配对。

我们不需要将主题与所有素材充分配对，可以放眼于整体，从能够立刻想到的创意开始，按照自己的节奏记录就好。

“主题”与“素材”之间需要保持距离

这次的主题是“能激发员工积极性的制度”。需要利用各种素材刺激人们欲求的原因，联想出能用在工作制度上的创意。下面我同样会为大家介绍几个通过配对的方式构思出的创意。

●能激发员工积极性的制度 × 1000日元以上的高级海苔便当

➡“特殊技能晋升”

从“想吃到与平时不同的高价产品”的欲求进行思维跳

跃，我的脑海中浮现出“希望自己的能力获得较高评价”这项欲求。我认为这是普遍的欲求，于是应用后构思出了“特殊技能晋升”的创意。

●能激发员工积极性的制度 × 没有计价器的出租车

➡制定空手出勤制度

从“希望能毫无压力地坐车，不用在意车费不断增加”的欲求进行思维跳跃，我的脑海中浮现出“想要毫无压力地通勤”“想要空手出门”的欲求。比如在公司准备专用包，用来装小东西和笔记本电脑等必需品，尽量减少需要拿回家的物品，是否能完善诸如此类的工作制度呢？

●能激发员工积极性的制度 × 能握住的水

➡为每一位员工的特殊能力命名

市面上有“能握住的水”（制作能用手握住的水的实验配件）这种产品，我看到时产生了想买的欲望，脑海中同时浮现出“想要模仿漫画角色的特殊能力，比如操纵水”的欲求，于是便发散思维想出了上述创意。

在工作中，每个人都拥有别人没有的能力。我想到了为这些能力起个帅气的名字，像在漫画世界中工作一样，这样的制度是不是能让工作变得更加愉快呢？

	A	B	C
1	能激发员工积极性的制度		
2	×		
3	大便汉字练习	→	公司口号全部用“大便”表示
4	用手随意揉搓的玩具（tangle）	→	给所有员工发可以捏的黏土
5	1000日元以上的高级海苔便当	→	提供丰盛的午餐
6	拿铁因素质疑	→	讨论如果有10亿日元，要用来做
7	写出简单易懂的文章的10大原则	→	写交换日记
8	没有计价器的出租车	→	制定空手出勤制度
9	能握住的水	→	体验小学生活
10	医院版大众点评	→	雇用护士
11	维持记忆力的口香糖	→	称呼所有人时都不加姓
12	商场废墟影像集	→	进行一次非常恐怖的体验

在这个主题中，能看见好几个与用来配对的素材距离较远的创意。其实让思维更加跳跃反而是一件重要的事情。

刚才，我已经解释了“不要筛选用来与主题配对的素材”的原因，但是如果用来配对的素材与主题过于接近，就有沦为单纯模仿的危险，会诞生出很多与素材本身别无二致的创意。

“主题”与“素材”之间需要保持距离。

另外，为了与素材中“想要的理由”相配对，思维跳跃的自由度很重要。就算想出的创意和用来配对的素材相去甚

D	E
在厕所摆放书桌	用“大便”打招呼
在公司里设置沙堆	
高价收购创意	特殊技能晋升
分配时间&分配金钱	
用书信代替邮件	所有员工一起制定公司理念
为每一位员工的特殊能力命名	可以在海里工作
所有员工都用昵称称呼对方	
所有员工参加试胆大会，提高团队意识	

远，只要能产生其他“想要的理由”，配对就算成功。

最后，无论在任何领域中，所有策划都是为了满足人们的欲求，素材手册集合了“想要的事物”的信息，从中抽出材料，享受不断配对的过程，就能不断构思出数不清的创意。

【“主题”与“素材”的关系】

✕

不要筛选用来与“主题”配对的“素材”

与和主题过于接近（有关联）的素材相配对，容易想出和素材相似的创意。

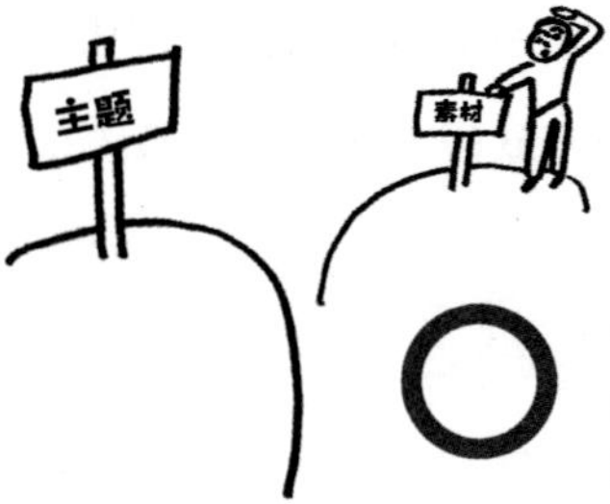

○

“主题”与“素材”之间需要保持距离！

主题与素材之间的距离越远，思维越跳跃，越容易想出具有独创性的点子。

07 能够诞生出更多创意的“随机关键词构思”

将创意本身作为“主题”，量产出更多的创意

在上文中，我用配对实例介绍了通过“配对”，构思出能成为策划原案的创意的方法。还可以将用这种方法构思出的创意进一步拓展。在我策划时，这种方法是不可或缺的。

我再重复一遍，得到好创意的方法是：

想出众多创意，从中选择好创意。

如果有10个创意，其中一定存在最好的创意，如果有100个创意，就能得到100个创意中最好的一个。下面，为了不断增加创意的数量，让我们一口气从思维惯性中解放出来，放飞想象吧。

上文中提到的方法就是将“主题”与“素材”配对后诞生的创意再一次与随机词汇配对，发现更具创新性的新创意。

创意接龙：让随机词汇再次“配对”

具体的操作方法是，将刚才诞生的创意与各种毫无规律性的词语相配对，让创意发生变化。我将这种方法命名为“创意接龙”，经常在实际工作中运用它。

举例来说，前面思考“笔袋”的主题时，我们想出的创意中有一个是“主人越努力越会得到表扬的笔袋”。

这一次，我们把创意本身作为主题。

然后随便用“创意接龙”的方法找出用来与主题相配对的词语，只要接出10个词语就够了。

在选择词语时，我简单地使用了最先浮现在脑海中的词语，真的是什么都可以。

苹果→哥斯拉→收音机→肚子→怪谈→潮虫→调查→轮盘赌→跳箱→恋爱

让我们试着将主题与“苹果”配对。

首先，按照提到“○○”就能想到“××”的思路，列举出从这些关键词中能够联想到的要素。以下是我从苹果联想到的概念。

提到苹果能想到什么呢？

- 食物

• 红色和绿色（红苹果、青苹果）

• Apple（公司）

• 用箭射穿苹果

• 捏扁

接下来，将从苹果联想到的概念与作为主题的创意“主人越努力越会得到表扬的笔袋”配对，自由发散思维，想出新创意。

【主题】主人越努力越会得到表扬的笔袋
×
【素材】苹果　　　　【配对后出现的创意】

【素材】苹果		【配对后出现的创意】
食物	→	**学习之后会得到零食的笔袋**
红色和绿色	→	**会表扬也会批评主人的笔袋**
Apple（公司）	→	**插上iPhone后能发出助威声的笔袋**
用箭射穿苹果	→	**只要答对问题就会表扬主人的笔袋**
捏扁	→	**疲惫时可以通过捏扁获得治愈的笔袋**

将“想要的理由”作为材料时，会有一些无法想到的佐

料，通过这种方法能将这些佐料加入创意中。

正如刚才介绍的那样，从随机要素中诞生出的创意，和仅仅与素材中“想要的理由”配对后诞生出的创意没有区别，都要记录下来，让创意的数量不断增加。

这就是通过配对构思创意中最关键的一步。

随机词语并非一定要用接龙的方法找出，不过我推荐这种方法，是因为它可以不受主观意志影响，随机选出各种词语。

使用随机关键词，摆脱思维惯性

每个人的思考方式都有“惯性”。虽然我在构思创意时会有意识地往各个方向发散思维，不过确实会在自己喜欢的方向上想出很多相似的创意。

比如，因为我有强烈的欲求“想要轻松愉快地学习英语”，所以无论面对什么主题，都会思考“是不是能与英语学习相配对？”一旦沉迷其中，就算明白这个素材在配对中不会产出什么好创意，依然会在遇到相似的主题时，一次又一次地想出相同的创意。

大家是不是也有共鸣呢？

以自己一个人的欲求为材料时，也许不可避免地会出现相似的创意。为了促使连自己也无法预测的创意诞生，与随机关键词配对能够成为一个很好的契机。

创意里装满了“想要的理由”，通过与随机关键词配对，能够发现一些新创意，如果没有随机的偶然性，这些新创意绝对无法诞生。创意的数量和种类不断增加，选择也会随之增加。

虽说如此，与随机关键词配对后自由发散思维想出的创

	A	B	C
1	主人越努力越会得到表扬的笔袋		
2	×		
3	苹果	→	学习之后会得到零食
4	哥斯拉	→	会大声表扬主人
5	收音机	→	可以听广播
6	肚子	→	可以摸着胖乎乎的肚子
7	怪谈	→	如果不能在规定时间内完成作业，就会出现奇怪的
8	潮虫	→	可以揉成团玩治愈笔袋
9	调查	→	可以和主人一起学习
10	轮盘赌	→	可以用轮盘赌做4选1问题
11	跳箱	→	每次达成目标都会变大
12	恋爱	→	得100分后就必须告白

意有可能会脱离最初“想要的理由”。

在上图的示例中，原本的主题是“主人越努力越会得到表扬的笔袋”，但是根据随机关键词进行联想，可能会出现完全没有包含这个要素的创意，比如“疲惫时可以通过捏扁获得治愈的笔袋”。

不过就算创意跑题了，写下来放在那里也不会有损失。只需要在之后进行取舍，就可以决定是不是要将其做成策划案，而且跑题的创意也有机会和其他内容配对，变成优秀的

D	E
会表扬也会批评主人	疲惫时可以通过捏扁获得治愈
握住后会说“go！”	会说“5点啦”，督促主人休息
会不断觉醒的僵尸笔袋	
会帮主人搜索	会像助手一样提供建议
可以重叠合体	
会拿出封印的情书	会用可爱的声音助威

创意。

另外，最初需要思考的主题是“新笔袋”，所以只要创意在这个范围内，包含“想买”“想用”“想做”等要素就能够成立。

08 三个过滤器，选出能够做成策划的创意

在用我前文中介绍的方法记下各种各样的创意后，需要从中选出能够展开做成策划的优秀创意。因为记录时比起质量来说更重视数量，所以大部分创意都是无法使用的，需要从中提取出“能够做成人们想要的策划的创意”。

首先，我的“选择方法”需要用到三个过滤器。

1. 选择能够顺利延伸出策划的具体内容的创意。

2. 选择自己想要的创意。

3. 询问其他人是否想要这样的产品，观察对方的反应速度。

接下来，我会按照顺序逐一说明。

选择能够顺利延伸出具体策划内容的创意

在面前的众多创意中，第一个过滤器设定的条件是“当创意逐渐成形时，是否能轻易看到结果”。

最重要的问题是你的创意会孕育出什么样的产品，是否

能以简洁的方式向目标用户展现产品内容。

如果让创意成为“具有可行性的策划”的过程过于艰辛，或者需要很多时间打磨，就说明这个创意的能量太弱，不足以成为策划原案。创意的能量越强，最后能够吸引的用户就越多。

比如刚才的例子中出现的“主人越努力越会得到表扬的笔袋”与随机关键词“苹果”配对后，出现了“学习之后会得到零食”的创意。在我的想象中，当主人学习感到疲惫时，笔袋中就会滚出巧克力或者糖果等零食，如果这个创意能够实现，或许会有不少人想要。但是我没办法立刻想到这个笔袋“是什么形状的，有什么机关，应该如何制造”，我自己也很快明白这样的产品无论是研究和开发都会很困难，而且在笔袋里放进零食似乎也不太卫生。

如果在这个阶段诞生的笼统概念会激发人们强烈的欲求，觉得能实现的话绝对要买一个，那么这样的创意还有机会实现，但是我并不是非常想要能给我提供零食的笔袋。

这种很难想象成品的样子，或者自己并不是非常想要的产品，就算听起来很有趣，我也不会选择。

以此为例，用同样的方法观察每个创意，找出能够顺利想象出最终形态的创意。

同样主题的示例中，还有“会用可爱的声音助威”的创意，想到这里，我的脑海中能立刻涌现出产品的具体形象。

使用时拉开拉链，笔袋就像张开了嘴，扬声器可以发出各种声音。可以为主人加油打气，也可以说些鼓励的话，还可以讲出其他各种有趣的话。

在创意还停留在纸面上的阶段，脑海中就能涌现出具体形象的产品可能更容易做成策划，更容易让用户理解。

选择自己想要的创意

到了下一个阶段，使用过滤器能判断出筛选出的创意是不是自己真正想要的创意。

自己制作的产品必须是自己想要的，在这个阶段，要重新确定选出的创意能不能成为自己打从心底就想要完成的产品。

之所以设定“自己想要”的评价基准，是为了确认世界上确实存在用户。

如果能够做出一个让一名用户（自己）打从心底想要的产品，那么就应该会有其他和自己一样人存在，他们希望成为产品用户。人们的兴趣爱好自然各不相同，不过根本的欲求是相通的，一定会有和你欲求相似的人。

相反，如果做出的产品连我们自己都不太想要，那么就很难保证会有非这个产品不可的人，在制作产品策划时会带着莫名的不安，结果可能会做出没有人想要的产品。

只要不欺骗自己，心中的情感就是“事实”。要相信自己做出的产品会有用户，相信自己可以做出能够抓住人们欲求的产品策划。

此外，人们经常会犯的错误是将“想做”的产品等同于“想要”的产品。

我不会以“想做”为基准来选择创意。

不要选择“想做”的创意，而要选择自己“想要成为用户”的创意。

经常会出现因为是自己想出的创意，所以“想要”的情况。自己想出的创意是自己的宝贝，因此大家会自认为这样的创意就是好的。

另外，如果这个创意是前所未有的新鲜事物，就更容易陷入这样的误区。世界上第一次诞生的事物容易上新闻，报道的数量也会增加，经常会成为热门话题。但是话题性和畅销完全不是一回事。无论话题性多强，如果用户不想要，商品就卖不出去。我也有过类似的失败经验。

只有会让人“想买”“想用”“想做”的创意才能做出更多人想要的产品。

如果不是这样的创意，做出的策划在实现过程中或多或少都会碰壁，当用户的反应不如预期时，当初跃跃欲试的热情就会急速冷却。原因自不必说，因为自己也不“想要”。

另一方面，让自己“想要成为用户”的创意和单纯“想做”的创意不同，前者能够跨越障碍，让自己充满热情地走向成功。只要自己“想要”的心情足够强烈，就算策划建立初期的消费者不多，你也不会产生挫败感或者厌倦感。

自己的欲望是完成产品策划的过程中最大的能量之源。

询问其他人是否想要这样的产品，观察对方的反应速度

通过上文中介绍的过滤器1、2，我们确定了“自己有多想让一个创意作为产品实现”。

但是仅仅如此还不够。

第三阶段重要的过滤器是“询问他人”，我在第1章中已经简单提到过。

靠自己一个人选择成为策划原案的创意是一件非常危险的事情。

当然，为了完成产品策划，最重要的是确定自己是否想要做出这款产品，但是要当心，自己一个人选出的创意可能会做出用户数量极少的小众产品。

如果依靠自己一个人的价值观，可能会导致做出的产品只有极少的人想要，因为是自己想出来的创意，大家在评价时可能会带上滤镜，所以需要坦率地聆听别人的意见，看看他们是否想要。

对询问的对象要求不高，只要是目标用户就可以，哪怕是亲近的人也没有问题。

选择公司同事、家人都没问题，或者和朋友一起喝酒的时候顺便问一句也可以。询问时可以说“我想做一个这样的产品，你想要吗”，对方的回答中最重要的信息只有一点，那就是对方第一次听到时的“反应速度”。

反应速度要看两种情况，当你问对方“你想要吗”时，

A. 对方是在配合你，或者为了打圆场说“嗯，想要。”

B. 真心觉得好而说“想要！”

区分两种情况非常重要。当然，反应A说明产品完全没有打动对方。当你向对方传达想法时，对方的反应快一秒还是慢一秒，对方是发自真心在笑，还是在陪笑脸，这其中的差距与策划的成败息息相关。

如果对方的反应不理想，或许并不是因为创意不好，而是你“没能很好地传达”。所以重要的是在面对不同的人时，要改变表达方式，或者改变创意的内容不断尝试，找到能打动对方的点。

并不是必须让所有听到创意的人都有好的反应才行。我认为只要10个人中有2个人的反应好就是“有可行性”，5个人反应好就是“可能会很畅销”。

判断的基础是我的经验，并且参考了“鸿沟理论”。

鸿沟理论主要应用于技术高速进步的高科技产品，是关于市场营销的理论，当一开始成为用户的“创新者”和“早期采用者”的比例达到16%后，是否能够普及34%的早期大众，是决定一项产品是否能够成功的重点。

我认为这项理论并非只能应用于高科技产品，它同样适

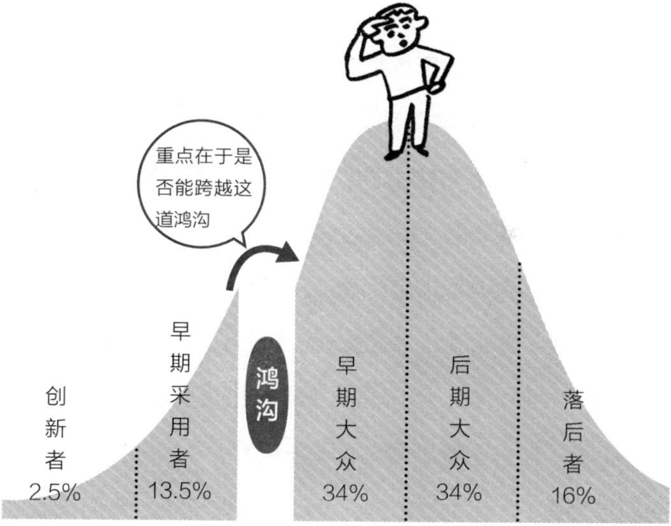

用于所有新产品。将我刚才提到的判断标准细化，就会得到以下结论。

- 10个人中有2个人（20%）给出最好的反馈，策划就有成功的可能性。
- 10个人中有5个人（50%）给出最好的反馈，就可以放手去做，产品有成为爆款的可能。

我把这个结论当成心中的一项指标。

请大家在不会泄露信息的范围内将自己想出的创意告诉

更多的人，观察他们的真实反应吧。

过去，我听说一家风投企业的项目会员数增长迅速，一边觉得佩服，一边试着计算了一下利润率。自从我单独创业之后，只要一听到做生意的事情，就会不自觉地开始计算“能挣到多少钱”。

就在第二天，我的妻子碰巧从妈妈友那里听说了一家不错的照相馆，想要拍一张全家福，于是我请了一天假去城里那家小小的照相馆。明明是周中，照相馆里依然人山人海，预约都满了。一个摄影师大哥不停地为各个家庭拍照。当时我们选择了1万日元的套餐，可以拿到电子版，我们夫妻俩都非常满意。那位摄影师大哥非常善于逗小孩子笑，为我们拍出了很多理想的照片。

但是我也计算了一下这位照相馆的大哥能挣多少钱。

一组照片1万日元，按照当时的节奏拍上一天……再减去照相机和其他器材的花销，因为产品是电子版，所以不需要材料费……和刚才说到的风投公司比起来，他一个人就能挣到10倍的利润。

当然了，风投公司大多是以未来扩大规模为目的，而照相馆的大哥显然只有一个人在工作，并不会扩大规模，不能简单地做出比较。

不过在风投公司和照相馆之间，我感受到的最明显的差距在于，照相馆激发了用户更多“花钱买服务的欲求”。据我的观察，接踵而来的家庭离开时都非常满意，大哥自己也在拍照时乐在其中。结果，我们家后来又去照相馆拍了一次照，成了他的忠实客户。

这款产品就拥有让人“想成为用户的欲求”。

照相馆本身就是让客人排队也要买的产品。

而且我在和照相馆的大哥聊天时，听他说了各种拍照的讲究，发现他在进行拍照服务时，注重的是提供如果自己是用户，会想要购买的服务。从细节中就能看到一个人提供的产品有没有用心。做产品策划时，不仅要有“想要去做的欲求”，还要有“想成为用户的欲求”，拥有强烈的欲求是让产品成功的条件。

专栏

制作产品要从“想成为用户的欲求”出发

最近，我感到市场中不断涌现出无法让人生出“想成为用户的欲求”的产品。

比如物联网（IOT）、信息通信技术（ICT）、人工智能（AI）、虚拟现实（VR）、地方创生……每天都能看到众多新兴产品的新闻，我经常会感到疑惑：“做这些产品的人自己究竟想不想得到产品提供的价值？”或者“他们自己想花多少钱来使用这些产品呢？”

于是我感到市场上正在不断涌现出做策划的人“想要去做”的产品，却完全看不到策划的人自己“想成为用户的欲求”。

09 总结想做成产品的“好创意”

将好创意做成一览表

在上一节中，我为大家介绍了如何使用三个过滤器筛选出自己想要制作成产品的创意。我会将其中通过了1、2两个过滤器的创意做成“好创意集”记录下来。我的直觉是，Excel里的“配对笔记”中标成高亮的创意都会被留下。

当然，并不是所有筛选出的“好创意”都能成为产品。还要排出优先顺序，从最想实现的创意开始，思考每个创意是否能做成产品。

而且，当你“想要将一个创意做成具体的产品”时，就要用到第三个过滤器，聆听他人的意见。

真正想要做成产品的“好创意”很少，要通过一道窄门才行。

但是，我们并不知道自己想要做成产品的“好创意”会在什么样的时机被别人需要，能够有机会实现。因此为了能在时机到来时立刻想到它们，顺利推进策划，我建议大家将这些好创意做成一览表的形式。

“好创意集”的制作方法

接下来，我会为大家介绍制作“好创意集”的方法。和素材一样，我会将从众多创意中筛选出的、想要做成产品的“好创意”保存在印象笔记中，做成一览表的形式。为了和素材手册区别，我将它命名为“好创意集”。

此前介绍的构思创意的过程大体分为两个阶段。

- 用“主题”×“素材”构思创意
- 想到的创意与随机关键词配对，构思出更多创意

两种方法构思出的创意都要记录在“好创意集”中，没有必要根据构思方法进行区分。

记录时可以进行调整，比如对创意进行加工，删除重新思考后认为不够好的创意，集合好创意后，运用在将于第3章中介绍的策划制作中。

我在工作中要制作各种不同领域的策划案，所以“好创意集”里大多是没有根据主题和领域区分的创意，大家也可以根据自己的工作性质进行分类，比如分成“与主业相关的创意”和“与主业无关的创意”。

这时，排除在“好创意集”之外的“配对笔记”（不采用的创意）当然不能直接丢掉。

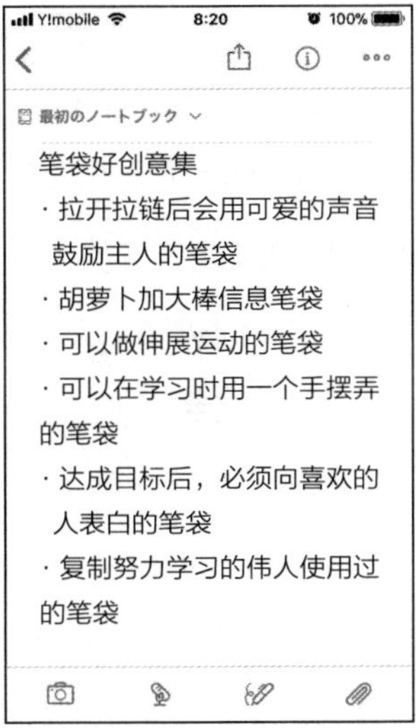

在构思各种项目遇到困难时，可以回顾过去的“配对笔记”，说不定能发现意想不到的灵感。

也许大家不会频繁回看笔记，但是笔记中说不定蕴含着能够变成钻石的原石。

因为数据并不会占太大的地方，所以我建议大家不要删除“配对笔记”，而是保存下来。

脑洞大开：1小时想出100个创意

令人震惊的是，当记录“配对笔记”成为习惯后，所有人都能在短时间之内想出数量惊人的创意。

假设面对一个主题时，从素材手册中挑出20个素材进行配对，从想要每个素材的理由出发进行想象，就能想出50个创意。

在其中选出5个好创意，分别与10个随机关键词配对，就能想出另外50个创意，一共有100个创意。

实际上，我想出这么多创意只需要花1个小时左右的时间。利用过滤器过滤后，就能得到100个创意中的第一名，根据我的经验来看，如果有100个创意，一定可以找到2~3个足够优秀的创意放进“好创意集”中。

形成习惯后，构思创意的速度会越来越快。顺带一提，下一页照片中的创意就是我在坐车时花15分钟写出来的。因为在车上不能用电脑，所以我一边看着手机上的素材手册，一边写在了笔记本上，后来一数，竟然写出64个创意。

只要形成习惯，无论面对任何主题，都能用同样的速度和节奏想出创意。

大家认为怎么样？是不是想要立刻用自己的“素材手册”，通过“配对”构思创意？只要掌握了使用“素材手册”和“配对笔记”的技巧，它们就会成为“想要的事物”的字典，再也不会出现为构思创意而苦恼的情况。

接下来，我将在第3章中向大家介绍如何将创意变成真正的策划，这将是你完成想要展现给世界的策划的第一步。

敬请期待！

有趣的盘子

- 容易转
- 会变色
- 会因为热量变形
- 鲷鱼烧形
- 有计时器
- 带筷子架
- 会膨胀
- 可以玩双六
- 可以画画
- 不会摔碎
- 可以变成拼图
- 菜品看起来更大
- 可以让视力变好
- 可以盛咖啡
- 像手办一样
- 可以自动清洗
- 可以快递
- 抗菌
- 可以说话
- 可以录音
- 设计成天空
- 冲浪板的形状
- 鸟的形状
- 完全透明
- 可以记住年表
- 可以扩大
- 看不出来吃了多少
- 可以交流
- 可以变成飞碟
- 可以竖起来滚动
- 可以变成垫子
- 会爆炸
- 用土埋起来会变成土
- 一共7个，一周每天用1个
- 不生虫
- 做成胃内部的样子
- 做成地球的样子
- 能让人对农民产生感恩
- 可以用木头、纸、塑料制作
- 可以弹吉他
- 可以盖住苦味
- 是可燃垃圾
- 带一个按钮
- 可双面使用
- 不会响
- 洗的时候会唱歌
- 两个一对
- 用AR设备能看到小人
- 直径达到1m
- 像中餐馆里的盘子一样回转
- 有60个格子
- 可以烧
- 外表像比萨（或者拉面）
- 有肉香味
- 可以表示365天的日期
- 永远不会打破
- 干燥
- 方便盖保鲜膜

（等等）

专栏

如何使用社交媒体预测新上市产品的销售走势

如今已经进入了社交媒体的时代，可以轻易预测市面上的产品是否能够成功。

我一般会用推特搜索感兴趣的产品，调查大家的评价如何，写评论的人是真的已经购买，还是并未购买，只是给出了评论。

只要不断坚持，就能凭直觉分清人们认为产品只是“有趣”还是真的“想买”。经常会出现在搜索某种产品后，虽然网络上有非常多的新闻，但是真正表示“已买”的人却很少。

一方面，成为话题和成为爆款完全不同。

这就是“有趣”和“想买”的区别。

假设家用机器人发售的新闻出现后，恐怕会有相当多的媒体争相报道，但是真正购买后在家使用的人并不会多。

根据经济现状，普通家庭很难购买价格高昂的机器人。当然，从改变技术和社会价值观的层面出发，开发家用机器人自然有其开发价值，但它并不会成为爆款产品。

另一方面，也有非常多的产品尽管没有掀起话题，却有很多人在购买后给出好评，这些都是真正抓住用户需求的产品。

比如夜光手办“角落君”系列。产品的世界观是一群会在黑暗中发光、在角落默默守护大家的精灵，可以装饰在房间的各个“角落”。放在整个市场上而言，不知道这款产品的人占绝大多数，在网上也几乎看不到产品的相关新闻。

但是在日本国内，“角落君”的累计销量已经超过了100万个。就算缺少话题性，当顾客在店里看到这款产品时，也会被它的可爱和充满魅力的世界观所吸引而购买。

有的产品会在社交媒体上引起话题，有的则不会。这种情况下可以同时搜索竞品进行比较。

举例来说，让我们看看过去很受欢迎的人气活动和最近新举办的活动、评论数量和评价究竟有什么区别？

亚马逊（Amazon）的★数量不能作为定论，不过确实是方便作为参考的指标。如今这个时代，产品的质量已经骗不了人了。

没有内涵的产品会立刻收到差评，然后众口相传，最终走向失败。大家一定不能忘记，你制作的产品是为了获得人们的喜爱，这是理所当然的事情。不过在现实工作中，大家经常会被工作逼到焦头烂额时忘记。

人们在工作时，往往只会关注眼前的事情，比如自我满足、上司的评价、日程、降低成本，等等，结果却忘记了策划产品的初心。

网站上的视频同样是重要的信息来源。

很多视频网站每天都会介绍各种各样的素材，可以说其中播放量高的视频中使用的素材会对众多人产生影响。观察上网人群的动向是所有人都能轻易做到却十分重要的调查方式。

（© 2016 Dreams Inc.）

第3章

做出爆款产品的“三角形策划模型”

01 成为爆款产品的必要条件

“构思创意”和“实现创意”之间的差距

在前两章中，我给大家介绍了构思创意的方法。一定会有人在使用“配对笔记”的技巧构思出创意后，激动地想要尽快将创意变成产品吧。

从现在开始，我将为大家介绍重要的步骤，那就是如何让“想象”范畴中的创意变成现实。

我首先要说的是，“构思创意”与“实现创意”之间有巨大的差距。

实现脑海中的想法真的非常困难。

也许有人会认为：“让创意真正成为产品这种事，我在公司里做过很多次了。”

但是，真的是“你自己”让产品成为现实的吗？难道不是公司承担风险，公司提供预算，也就是说，是公司让产品成为现实的吗？

这件事当然没有错，用公司的预算生产商用产品是理所当然的事情。

但是，如果一切风险都要由自己承担，事情会变成什么样子呢？

如果面前有一个策划，需要你自己来实现构思出的创意，你会怎么想呢？

你会不改变想法，依然认为应该去做呢？

还是认为你的创意很难实现呢？

也许这个例子有些极端，不过我想说的是，用这种视角来审视自己的创意是否应该成为实际产品是非常重要的。

在选择真正具有可行性的创意时，我希望大家能思考“自己会不会愿意出钱购买这个产品”。

站在用户的角度思考，是否会使用这款产品

在第2章中，我已经介绍过选择好创意时的评价方法，重要的是“自己是否愿意成为用户”，而在自己的创意即将被制作成产品时，重要的是更加深入地思考自己是否“愿意出钱”。

“如果产品面世，我会购买吗？”

“如果广告放出，我会想要购买广告中的产品吗？”

“如果举办活动，我会买票参加吗？”

如果无法站在用户的角度思考，制作产品时一定会遇到挫折。

能够实现的创意首先必须是自己愿意出钱购买、愿意使用的创意。这是必要条件。

02 手写是深入挖掘创意的好方法

策划产品时，用“手写”的方式进行构思

接下来，我将为大家介绍判断一个创意是否能成为策划的重要框架——“三角形策划模型”。

三角形策划模型需要“手写”。因为策划时，“推敲”很重要。

第2章中，我说过在构思创意的阶段，重要的是自由发挥想象。因为构思的目的是找出尽可能多的创意，只要是能够刺激欲求，人们会认为“如果有这样的产品我也许会想要”的创意就要记下来，哪怕是粗略的创意也没关系，在此阶段，我使用的是高效的Excel电子笔记。

但是在此之后，真诚面对自己的内心、深入思考会变得更加重要。因此，我在这个阶段会使用“手写”的方式。

手写比敲键盘更费时间和功夫。至少对我来说，因为常年使用键盘，已经能打字飞快，在不断输入笔记和资料时充满快感，甚至停不下来，会产生想要尽快完成的心情。我想

很多人会遇到和我一样的现象。

如果使用演示文稿等软件，可以迅速完成资料，格式也会很整齐，文字当然也很美观，会让人产生做出的策划完成度很高的感觉。

如果用手写放慢速度，就能够踏踏实实地思考用户的想法，直面自己的内心，深入思考“我真的认为这个产品会被大家需要吗”“真的如此吗”。思考的过程非常重要。

我会根据我的实际感受尝试不断修改，通过这种方法能够做出真诚的策划。

03 “三角形策划模型”：让创意变成策划的重要框架

用“三角形”搭建策划的框架

以创意为基础，制作有可行性的策划时，我通常会使用刚才提到的手写“三角形策划模型”框架。无论是产品策划还是其他各种策划，都可以使用这种方法。

制作策划的基础是设定“做什么”“卖给谁”“花多少

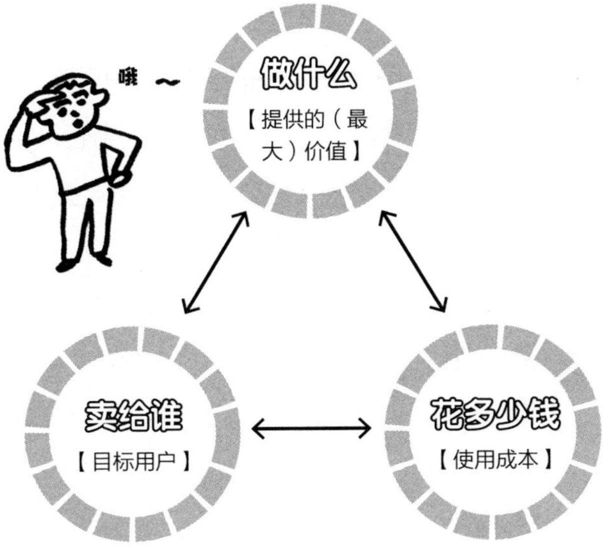

钱”。三角形模型的结构如上页图所示。

只要三个要素取得平衡，就能做出让用户愿意出钱使用的产品。

接下来，我将为大家详细介绍三角形策划模型的基础，也就是三大要素。

位于三角形最上方的要素是“做什么”。

这里要写上产品能为用户提供的价值。一项产品能提供的价值多种多样，在三角形策划模型中，首先要写的是这项产品能提供的最大价值（这就是产品的“突出卖点”，详细内容将在后文叙述）。

接下来是三角形左下角的“卖给谁”，也就是“为了谁”。

这里要填写的是产品的目标用户所拥有的属性，他们的需求是什么。也许你希望产品的受众广泛，但是为了确保有一部分人会对产品产生强烈欲求，需要设定主要的目标用户。

最后是三角形右下角的“花多少钱”，也就是“成本”。

这里要写上用户使用产品时的必要成本。如果是商品，就要填写购买价格。当然，有的产品可能是免费的，这种情况下可以将价格设定为“0元”，填写金钱之外的成本（比如时间成本，劳动力成本等）。

事实上，只需要搭好三角形策划模型，就能判断出产品是否能卖得出去。

很多人会沿着“销售战略”的思路进行策划，具体内容我在第2章已经进行了简单介绍。对这些人来说，三角形策划模型或许看起来过于简单，实际上它正是最好用的工具，能够以尽可能简单的方法整理出销售战略。

在考虑销售战略的同时让三角形保持平衡

接下来让我们看看三角形策划模型的具体用法。

首先思考“做什么”“卖给谁”“花多少钱”的问题，填在笔记中，按照第129页图中①到③的内容，考虑三角形的边长，即两个顶点的要素是否平衡。

①“卖给谁”和“做什么”的平衡

目标用户是否真的“想要”这款产品。准确来说，需要思考的是能否可以做出用户需要的产品。

首先要确定策划内容是否抓住了目标用户的欲求，重要的是从“在现在的市场环境中，自己所在的团队能否做出目标用户需要的产品”的角度进行思考。

使用3C（公司、竞争对手、市场）以及SWOT（优势、劣势、机会、威胁）模型进行环境分析，思考自己的公司是否能实现用户真正想要的内容。举例来说，就算能够确定自己的产品策划方案满足目标用户的需求，如果市场上已经存在更好的竞品，一旦自己无法做出超越现有产品的东西，这样的产品策划就不是用户“需要”的。

结合当下的市场环境，确定产品的定位和推广方法，并且确保能够按照计划完成，这样的产品才能称得上是目标用户“需要”的产品。

②“做什么”和“花多少钱”的平衡

思考以当前价格售卖，是否能让公司（自己）“赚到钱”，即获得健康的利润。

也许有些产品并不以盈利为目标，但是假如没有任何利润，产品策划就失去了意义。

在构建三角形策划模型的阶段，可以只设定出获得利润的预测范围，不过一旦发现无论如何都无法获得必要的利润，那么产品就不成立（这里所说的“利润”并非仅限于金钱，还要结合花费的时间和劳力来考虑回报，否则做出的产品将变得毫无意义）。

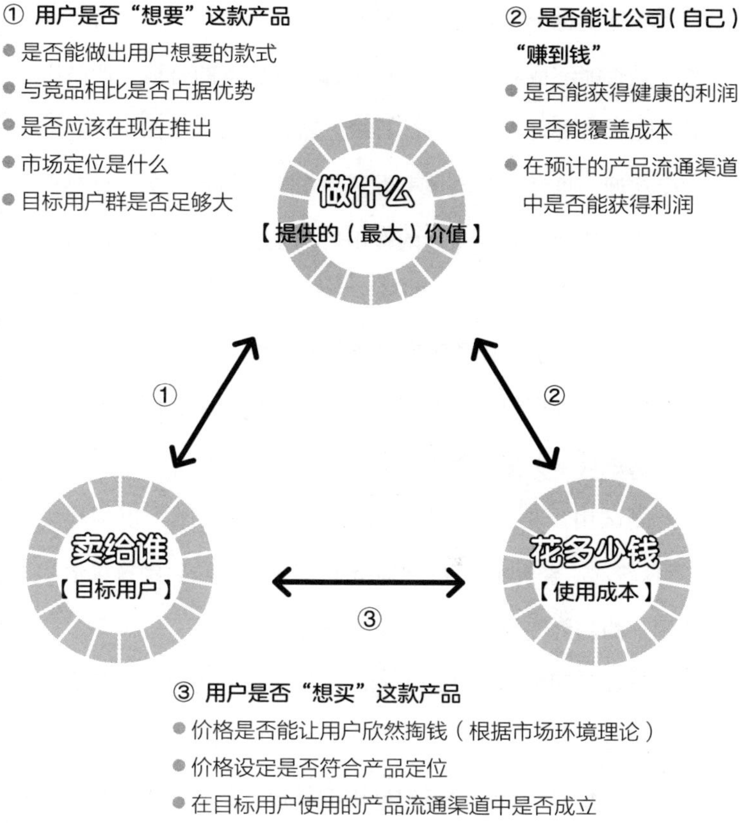
① 用户是否“想要”这款产品
● 是否能做出用户想要的款式
● 与竞品相比是否占据优势
● 是否应该在现在推出
● 市场定位是什么
● 目标用户群是否足够大
② 是否能让公司（自己）“赚到钱”
● 是否能获得健康的利润
● 是否能覆盖成本
● 在预计的产品流通渠道中是否能获得利润
做什么
【提供的（最大）价值】
①
②
卖给谁
【目标用户】
花多少钱
【使用成本】
③
③ 用户是否“想买”这款产品
● 价格是否能让用户欣然掏钱（根据市场环境理论）
● 价格设定是否符合产品定位
● 在目标用户使用的产品流通渠道中是否成立

在这里也不要忘记销售战略。产品价格在当下的市场环境中是否能够成立？公司的资源、开发成本的行情、产品流通渠道等各种要素都会牵扯其中。就算产品本身在用户群中大受欢迎，也经常会出现考虑到制作所需的人力费、材料费和销售及流通时需要支付的费用后，无法以理想的价格出售的情况。

③“卖给谁”和“花多少钱”的平衡

思考目标用户是否愿意以目前的价格购买，即目前的金额（使用成本）是否能让用户满意。

测试用户是否能够接受价格设定时，要匹配市场环境（竞品情况、经济状况）、产品定位和推广方法、销售渠道和与用户的契合度等因素进行综合分析。

就算是同样的产品，不同的上架时机和销售方式都会导致定价方式发生变化。

比如想要卖出“小贵但好用的日记本”时，如果在同一时期，人气爆棚的智能手机免费日记应用软件上架并引发热潮，大家或许就不想要高价的实体日记本了。相反，若能请明星写些“手写日记会变得更聪明”之类的评论提高热度，或许就算价格贵一些也能卖得很好。

另举一个例子来说，如果将目标用户设定为年轻人，那么较高的价格或许不会被接受，而以高龄者为目标的话，说不定即使价格小贵，它也能成为畅销产品。

用户对价格的接受方式会根据实际情况和商家的战略发生改变。设定价格时要考虑到所有因素，定下能让目标用户满意的消费价格。

销售战略的基础是“环境分析（3C、SWOT）”和“基本战略（STP）”“具体方法（4P）”等，在考虑以上因素的同时，写出能让①到③都保持平衡的三角形策划模型吧。

或许很多人都知道销售战略要按照“环境分析”→“基本战略”→“具体方法”的顺序思考，其实正如我在第2章中说到的那样，我会首先考虑“做什么”，也就是思考能强烈刺激人们欲求的最终产品，然后再考虑销售战略。整理思路最简单的方法就是利用“三角形策划模型”的框架。

为了在构建三角形策划模型时能够考虑到销售战略，我建议大家学习销售战略的基础知识。

用三角形模型分析爆款产品“乳酸菌巧克力”

为了加深理解，我将在本节中以实际产品为例，套用三角形策划模型进行分析。

我想应该有很多读者知道乐天有一款爆款产品叫作“sweet days乳酸菌巧克力”吧，是可以从巧克力中摄取活着的乳酸菌。

说到乳酸菌，大家熟悉的食品当属酸奶，不过酸奶的保质期较短，而且不方便带出门。和酸奶相比，“乳酸菌巧克力”能随时随地轻松摄取乳酸菌，而且味道甜美，是一款受人欢迎的产品。

我肠胃不好，长年来一直需要酸奶和调整肠道的药剂。站在我本人的立场来看，这款巧克力刚一上架我就买回家了，开心地想着“终于开发出来这样的产品了”。

套用“三角形策划模型”分析这款产品后，就能得到后图中的结果。

我将按顺序进行说明。

①做什么←→卖给谁

因为我本人就是这款产品的目标用户，所以能够深切体会到肠胃不好的人的苦恼。

我平时也经常吃酸奶等乳酸菌食品，严重时需要服药。所以能随时随地轻松吃到的乳酸菌食品对我来说极富魅力，

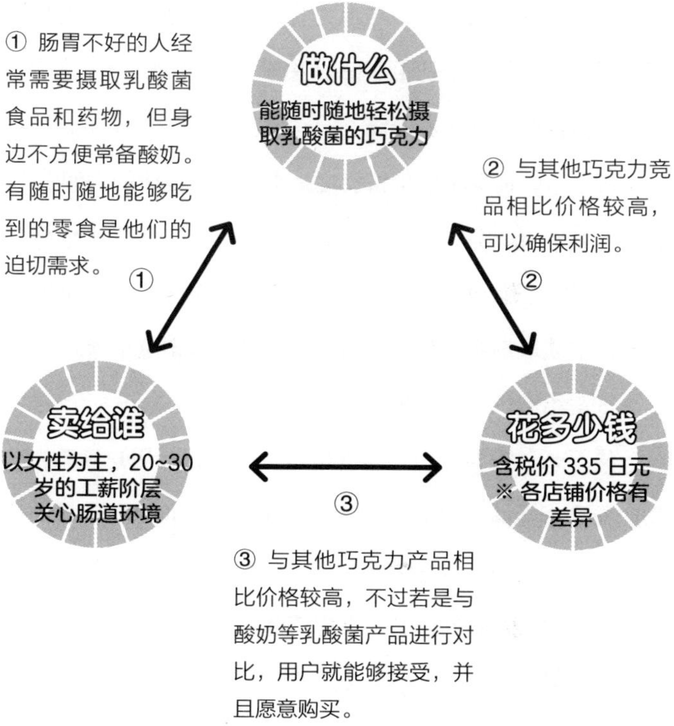

最重要的是我喜欢巧克力，这一点成为我购买这款产品极其自然的理由。

从市场环境来看，“肠道环境”这个词已经普及，能改善肠道环境的发酵食品正在掀起热潮，市场上还没有出现相同领域的有力竞品。

所以这款产品实实在在地为我这样关心肠道环境的目标用户提供了价值，于是①取得了平衡。

②做什么←→花多少钱

接下来，需要考虑价格设定是否能获得健康的利润。

这款产品与净含量相同的其他巧克力产品相比价格更贵。虽然只是假设，不过在一般情况下，商家发售产品时一定会考虑获取健康的利润，因此可以说②取得了平衡。

③卖给谁←→花多少钱

接下来，需要考虑产品价格是否能让目标用户满意，这款产品是否能够大卖的关键就在于此。就算价格比商场中摆在一起的竞品更贵也能卖出去吗？价格定为多少，用户会愿意为此花钱？这些问题必须考虑清楚。

想要调理肠胃的人会在吃东西时费些心思，比如选择酸奶时，会倾向于选择打出“优质乳酸菌”等宣传语的产品。这些产品相对来说价格更高。

所以像我这种“为了调理肠胃愿意选择更好的食物”的人，并不会太在意价格。

我认为这款产品的价格正好卡在了目标用户愿意花钱的那条线上。

虽然图中的三角形策划模型是在产品上架后套用的，不过可以说乳酸菌巧克力是能够在“三角形策划模型”中取得平衡的产品。

04 利用三角形策划模型调整产品的预定位

选择能做成策划的创意，构建三角形策划模型

那么，让我们尝试实际运用“三角形策划模型”，将创意做成能够实现的策划吧。

首先按照我在第2章中的说明，从用“配对笔记”构思出的创意中选出自己特别“想买”“想用”“想做”的创意。

我会以第2章中想出的“会用可爱的声音助威的笔袋”这个创意为基础，构建三角形模型。

因为我能顺利从这项创意中想象出产品的最终形态，想象出我自己也愿意购买的产品，所以我认为它是否要做策划的问题值得深入探讨。

我构建出的三角形模型如后图所示，可以看出这个三角形出现了很多处偏差，并不能取得平衡。

首先，我们会注意到③“卖给谁”和“花多少钱”之间的偏差。

考虑到会在日常生活中使用，并且希望拥有笔袋的人

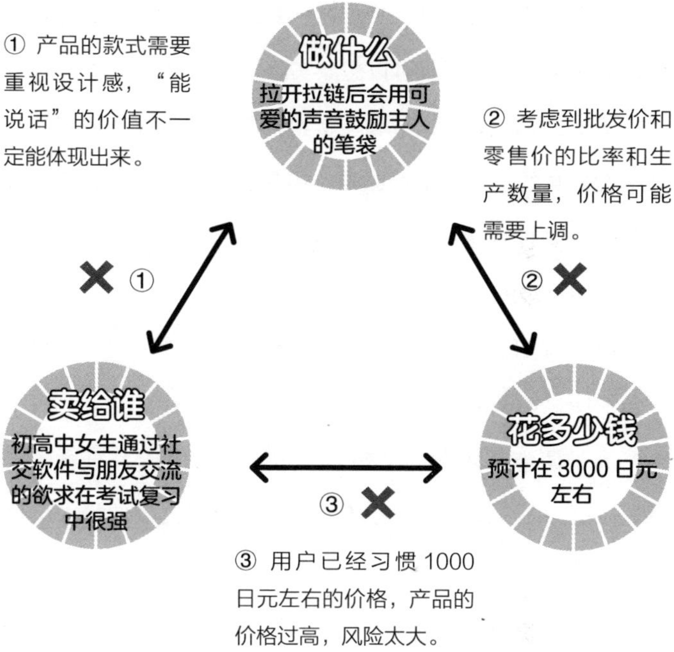

群，我将用户群设定为初高中女生。调查过其他公司的竞品笔袋后，我发现面向初高中女生的笔袋中最畅销的产品大多在1000日元左右。在这样的市场环境下，很容易想到将能发声的笔袋价格定在3000日元左右会过高，从而提高了购买门槛。

②“做什么”和“花多少钱”的关系也不平衡。因为这

款产品要使用语音芯片，所以生产数量会减少，批发价和零售价的比率不高，所以可以想象实际发售价格会更高。

另外，①“做什么”和“卖给谁”之间也存在偏差。初高中女生真的会买这款产品吗？用户层选择产品时，首先考虑的应该是设计感，初高中女生会喜欢“可爱”“简洁”的产品，能出声的款式不见得具有竞争力。

由此可知，“会用可爱的声音助威的笔袋”这款产品的三角形明显不平衡，必须进行修正。

为了调整三角形的平衡，大多数情况下需要重新构思“做什么”的部分，重新思考这款产品能够提供的最大价值是什么。

在笔记上改变“卖给谁”（目标客户的特点）及“花多少钱”（使用成本的数值）很容易操作。如果只需要多次改变这两点就能让三角形平衡，事情就变得容易了，可惜事实并非如此简单。因为要想改变“卖给谁”（目标客户），就必须重新思考“做什么”（提供价值），要想改变“花多少钱”（使用成本），也需要重新思考“做什么”（提供价值）。

正如上文所述，策划产品的关键就在于“做什么”，即提供的价值有多大。如果产品能够充分满足一部分人的欲求，就会自然而然地找到目标用户，设定出相应的使用成本，最终让三角形取得平衡。

05 找出产品的最大价值＝“突出卖点”吧！

产品的突出卖点是什么？

正如前文所写，三角形策划模型中“做什么”的部分中要写该产品“提供的最大价值”。产品为用户提供的价值并非只有一种，如果不能从中选出能用一句话概括的“卖点”，即“该产品是○○”，就不能让三角形取得平衡。

我将产品提供的最大价值称为产品的“突出卖点”。

让我们重新思考一下“会用可爱的声音助威的笔袋”的突出卖点是什么。

考虑突出卖点时，可以列出能构成“想要的理由”的要素。

“想要的理由”中最为充分的一项就是该产品的突出卖点。

列举用户“想要该产品的理由”时，能想出各种内容，比如：

- 语音内容有趣，能从中获得动力。

- 能听到自己喜欢的声音（某个声优？）。
- 设计可爱。
- 可以展示给别人，成为话题。
- 可以拍摄笔袋说话的视频上传到社交软件上。
- 心情愉悦，会情不自禁地不停开合拉链。

……

这个创意原本是为了“鼓励主人，让主人产生学习的动力”，其实除此之外还能够做出刺激各种欲求的卖点。

现在让我们客观想象，认真思考一下产品最能刺激到目标用户欲求的特点。

我认为大多数人在这款笔袋上感受到的最大魅力就是“能够展示给他人，进行愉快的交流”。

在创意阶段，我想到的是把拉链当成嘴，打开后就会播放特定的语音。如果每次打开都只能播放同样的语音，用户很快就会听腻，于是我发现比起鼓励的话语，能展示给别人的搞笑语音更符合多数人的欲求。

于是我的产品策划内容是可以输入自己喜欢的声音，打开拉链后就能通过扬声器播放。具体方法是将声音保存在迷你声卡上，可以让笔袋自由播放任何声音，比如“歌曲”“朋友的录音”“心仪声优的语音”“学习中需要背诵的内容”，等等。另外，这项功能让产品增加了作为礼物的使用情境，可以录下想要传达给对方的信息，或者录下会让收到礼物的人会心一笑的有趣声音。还可以录制各种能上传到社交媒体平台上的有趣视频。

不过价格设定对于初高中女生来说确实过高，所以我将目标用户变成了“喜欢寻找有趣礼物的成年人”，用途不再限定为笔袋，而是改成了可以当成笔袋且使用频率更高的小包。

这款产品将不会摆放在低价竞品较多的文具店售卖，而是会放在主要经营礼品杂货的店铺中。如果定位成礼物的话，就算定价在3000日元左右也能被用户接受了。调整后的三角形平衡如后图所示。

只选择一个“突出卖点”的原因

这项产品策划的“突出卖点”只有一个，就是“能够让产品发出喜欢的声音”。尽管产品还有其他能刺激用户欲求的特点，不过最能刺激目标用户的突出卖点只有一个。

为什么突出卖点只能有一个呢？

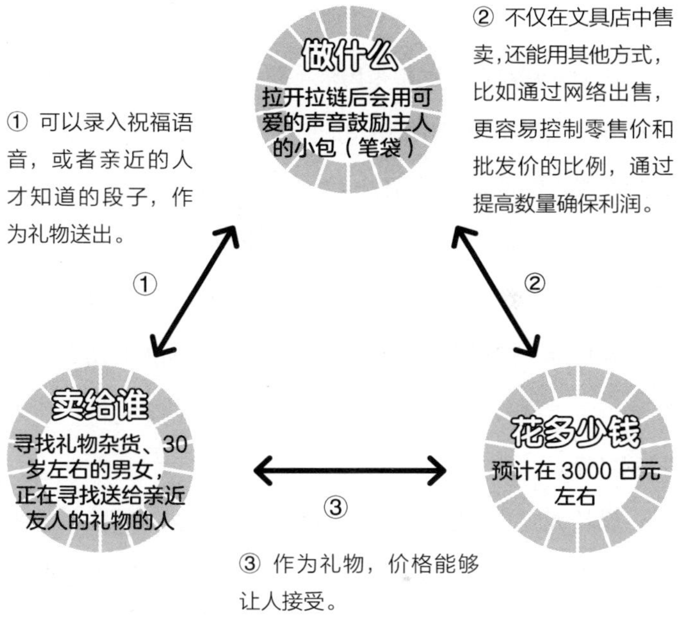

因为用户最先接收到的信息只有一个。

任何产品都会有各种各样的卖点和优势。实际使用过产品，并成为产品的粉丝后一定会发现它的各种优点。不过根据我自己过去失败的经验来看，我深切地感受到在产品刚刚面世时，只能打出一个卖点。

宣传产品时，设计者往往会投入过多情感，这个也想说，那个也想说，于是在面对能传达出各种卖点的宣传语时，最后会不知道该选什么才好。

比如在玩具业，近年来出现了各种“可以与智能手机联动的玩具”。以能够单独使用的陪伴型机器人为例，连上手机后其娱乐性将大幅提高！

每当看到这样的产品后，我都会觉得不知道应该以什么作为卖点，是产品本身的趣味性呢？还是与手机连接后产生的趣味性呢？如果在包装和广告、促销宣传品上打出多个卖点，消费者就会陷入混乱，需要花较长的时间来判断产品的有趣之处。

设计者应该是想同时吸引拥有智能机和没有智能机的两个人群，才选择了同时强推两个卖点。虽然我理解他们的用心良苦，但是如果想让宣传有效，还是应该只打出一个卖点。

如果决定以产品本身的趣味性与其他玩具类产品竞争，可以将能与智能机联动的功能留在消费者购买开封后，让他们在玩的过程中自行发现。

相反，如果将能与智能机联动作为最大的卖点，就应该在一开始集中宣传“与智能机联动后最有趣”。

若是将两个卖点同时列出，不常使用智能机的人就会觉得这款产品与自己无关而不再关心，而智能机的用户则会觉得就算不特意与产品联动，智能机本身就具备与产品相似的功能。

结果两个用户群体一个也没能抓住。

06 通过附加小卖点，增加产品的魅力

产品具有什么样的“小卖点”？

我将“会用可爱的声音助威的笔袋”的突出卖点定为“能够让产品发出喜欢的声音”，修改策划内容后，做成了不限定为笔袋的多功能小包。这个突出卖点成为传递给用户最主要的信息，不过产品应该还提供了各种其他的价值。

【产品的突出卖点是什么？】

卖点=产品提供的价值

在用户被突出卖点吸引购买后，这些“小卖点”会以让用户惊喜的方式呈现出来，他们会感到

意外竟然还有这个优点。我认为特意“隐藏”这样的小卖点会让产品更有竞争力。

特别是在如今的时代，隐藏小卖点的战略越来越有效。最近产品只要有虚假营销和缺点，就会立刻在网上曝光，反过来同样如此。

即使商家隐藏产品的优点，这些优点也会在网上传开。也许刻意隐藏卖点需要勇气，不过这样做能够提高用户的满意度，让用户觉得只有自己发现了隐藏的优点，结果能够反过来提高产品的评价，扩大其影响力。

以“会用可爱的声音助威的笔袋”这款产品为例，可以做出我刚才提到的各种小卖点，比如“设计感”“开合拉链时的流畅度”等。如果在设计时注意“操作的简便性”“重量轻”“易收纳”等特点，同样可以使它们变成产品的小卖点。

小卖点可以有很多，用户买下产品成为粉丝后，愿意向周围人推荐的小卖点自然越多越好。

请大家认真思考，做出小卖点，让用户在实际使用后，发出“还有这样的优点”的感叹吧。

妙用三角形策划模型中的内容写策划书

如果公司内部有规定的策划书格式，就需要将策划书套入规定格式中。在三角形策划模型达到平衡后，就完成了被人们需要的优秀策划内容。将内容填在规定格式中，就能很快做好策划书。

将上述搭建成三角形策划模型的内容填写在我使用的产品策划书中，就能得到下页图中的结果。

为了让策划通过，将各项内容填进策划书、调整格式很重要，不过最重要的还是确信“有用户愿意出钱使用这款产品”。为此，要使用三角形模型先确定产品提供的价值，让目标用户产生购买的冲动，然后确认是否具备将产品推向市场的各项条件。如果整理后发现这款产品在现阶段很难实现，就要果断放弃，重新寻找现阶段一定能火的产品。

也许这种方法乍一看效率很低，但是用这种方法做出的产品一定会有人愿意买，会成为竞争力强的产品。

产品策划书

产品名称

唠叨包

目标用户

30岁左右的工薪族（女性为主）。喜欢给朋友、同事和家人送些小礼物，经常逛杂货店。每天都会使用社交软件，有上传视频的习惯。有潜在欲求，希望在公司能妥善处理与上司的关系，和同事愉快地交流。

价格

2980日元（含税）

发售地点

- 店铺A　礼物区
- 店铺B　箱包区
- 店铺C　玩具区
- 店铺D　文具区（笔袋）

宣传语

能够让小包发出喜欢的声音

产品款式

概要

- 打开角色的嘴（拉链）后，就能让它说出自己喜欢的话语！
- 可以将声音导入迷你声卡，插在包上后就能让小包按顺序播放导入的声音！

——对上司的感谢！

——需要背诵的段落！

——喜欢的歌曲，心仪声优的声音！

——模仿朋友的口头禅……？

……使用方法无限多！

【其他附加价值！】

- 有三种外形，眼睛的形状等设计不同。可以选择自己希望的声音风格的款式！

宣传

- 重视线下店。摆出样品，收录各种各样的声音，让消费者现场体验。
- 在社交软件上做活动，鼓励用户上传让小包发出各种声音的视频。

07 如何巧妙兼顾突出卖点和附加小卖点

以“剑玉”和“蛋糕”为例

在我非常喜欢的产品中，有一款是“剑玉”。

这款产品有两个卖点。

- 做技巧动作时容易成功。
- 外形帅气。

设计者或许想要将二者同时作为卖点，不过这款剑玉最终选择全力宣传“外形帅气”这一个卖点。这就是产品的“突出卖点”。

于是这款产品吸引到了想要尝试炫酷剑玉的人，尝试后发现用这款剑玉做各种技巧动作时很容易成功。

这样一来，购买过的人群就会发现“隐藏卖点”，明白这款产品不仅外形帅气，而且做技巧动作时很容易成功，是非常不错的产品。“小卖点”提高了产品的口碑，好评逐渐传开。

在当今这个产品和信息爆炸的时代，人们接触一项产品的时间必然会变短，有太多人拼命想向大众传递信息，结果人们只是一扫而过。在庞大的信息洪流中，要想打出冲击力，让消费者迅速注意到自己的产品，并且愿意进一步了解，就必须想清楚什么样的突出卖点能强烈刺激到哪一类人群的欲求。

只有做到这一点，才能找到产品的目标用户，让他们即使花钱也想使用你设计的产品。进行到这一步时，三角形策划模型就取得了平衡，就能够制作出爆款产品了。

重要的是找到突出卖点，相信只有它才是你最想传达给用户的产品优势。

下面，我想为大家介绍一款实际存在的产品。这就是我曾经有幸参与产品开发的“VR蛋糕”。

这款产品包括蛋糕和插入智能机就能看到VR影像的眼镜，用户一边看画面一边吃蛋糕，就能体会到有女孩子喂自己吃蛋糕的感觉。

当时，购物网站圣诞蛋糕特辑的负责人给了我一个“主题”，希望我想出前所未有的有趣蛋糕，于是我想到了这个创意。

我将这个主题与各种各样的“素材”相配对，最终想出了一边看VR影像一边吃蛋糕的创意。

我的直觉告诉我，这款产品能够提供全新的吃蛋糕体验，说不定能成为爆款，于是用三角形模型整理出策划内容。

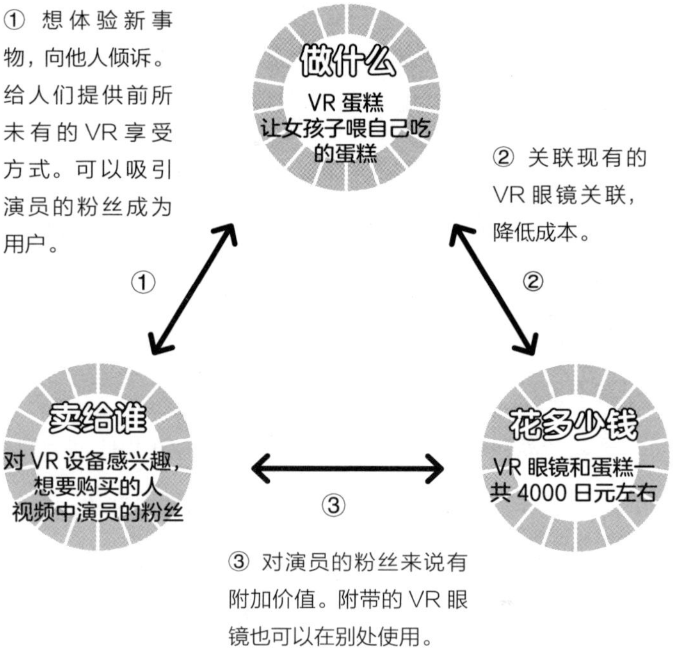

说到这款产品的突出卖点，就是“让女孩子喂自己吃蛋糕”，作为产品的宣传语简单易懂，而且冲击力强。以此为

基础，我搭好了上图平衡的三角形模型。

另外，我将这款产品能够提供的其他价值作为附加的“小卖点”，内容如下：

- 可以选择的VR影像不止一种，可以欣赏各种各样的影像。
- 附带的眼镜泛用性强，可以用来观看其他VR影像。

接下来，我总结出了下页图中的简易策划书，深入思考了应该启用什么样的演员，要做成什么样的蛋糕等详细内容，最终做出了委托人和商家都满意的产品并且成功发售。

最终，在同一个网站上推出的各式各样的圣诞蛋糕中，这款蛋糕的销售额名列前茅。

正如我在第1~3章中介绍的那样，策划产品分为三个阶段：

1. 制作素材手册，收集“想要的事物”。

2. 将“主题”与“素材”相配对，构思创意，形成策划原案。

3. 以创意为基础，搭建“三角形模型”，总结成爆款产品的策划。

请大家务必以我的方法为基础，不断制作出更多人愿意购买的产品吧。

产品策划书

产品名称

VR蛋糕

目标用户

- 视频中女演员的粉丝
- 对设备感兴趣，想要购买VR眼镜的人
- 对VR影像感兴趣的人
- 想率先体验新事物的人，电子设备市场的早期采用者

价格

4000 日 元（含税）

发售地点

仅限网购

宣传语

史无前例？！让可爱的女孩子喂你吃蛋糕！

产品款式

概要

- 连接智能机后能看到360° 影像的简易眼镜和蛋糕。
- 影像中是两人独处的房间和同款蛋糕，一边看一边吃，享受全新的体验，仿佛是视频中的女生在喂自己吃蛋糕。

【其他附加价值！】

- 可以欣赏多个影像内容。
- 通过智能机上的专用应用软件，能看到各种各样的VR影像。吃完蛋糕后也能使用的VR眼镜！

宣传

- 举办发布会（试吃体验会），在动漫粉丝和电子设备爱好者聚集的网络新闻媒体播放。

当然，构思出的策划必须实行，在策划落地的过程中，或许会遇到很多困难。我将在第4章中介绍一种重要的思考方式，能够克服困难，为他人和自己提供价值。

专栏

应该在什么时候制订宣传计划?

在写公司内部的策划书时，通常需要制订宣传计划。

在手写搭建三角形策划模型时，我会刻意回避宣传计划，等到正式写策划书，或者开始推进策划时再思考。

因为在构思产品时只顾着考虑宣传活动是否有趣是一件危险的事情。

我在介绍三角形策划模型时已经说过，调整三角形的平衡时需要考虑销售战略，不过我在此阶段并不会考虑宣传计划。

宣传计划非常重要，包括如何向消费者传递产品的优点，如何发售。但是人们经常会产生误会，觉得因为自己想出的宣传计划很有趣，所以消费者会愿意买自己的产品。

实际上，我也曾经犯过类似的错误。比如有几次，我先想到了有趣的新产品发售方式，认为“一定能在网上引发话题”，于是激动地推进策划，检查成果时，发现产品确实在网上引发了话题，但是销量并不好。

在当今时代，社交软件的影响力很大，所以经常会出现以下类型的失败范例：只在乎网上的话题度，比如“上不上相”“是否容易传播”“是否能成为热点”，结果做出了消费者不想买的产品。

为了避免这样的失败，要在一开始按照三角形策划模型构思时，就专注于制作消费者想要购买的产品，在此基础上制订以吸引消费者为目的的宣传计划。

产品的宣传方法自然同样重要，但是请大家多加小心，一款产品的本质在于能否满足消费者的需求，请大家一定不要弄错。

第4章

好策划也要通过！落实执行策划时需要保持的4种态度

01 态度1：认准自己的欲求，就能调动最大能量策划产品

有助于实现产品策划的思考方式

实现产品策划是一件非常困难的事情。

这当然不是一个人能完成的工作，会涉及很多人，所以必须得到他们的协助。为了跨越众多壁垒，自己也会消耗非常多的能量。我会向大家介绍一下能够帮助实现产品策划的思考方式。

在产品策划刚刚成形时，自己的情绪一定是高涨的。可是一旦进入实践阶段，一定会发生各种各样的问题。面对这些问题，人们在现实中经常会出现热情渐渐减退的情况，会屈服或消沉。

名叫“腻烦”的敌人也会出现。随着时间的推移，即使明明在一开始情绪高涨，却依然会逐渐感到腻烦，这是正常的情况，就连很喜欢策划产品的我也不例外。困难不断出现时，我也会消沉，会感到腻烦。

当然，也有人在遇到困难时会燃起斗志，在策划推进的

过程中情绪越来越高涨。但是我认为这种人毕竟是特殊的，实际情况是一旦出现困难的问题，被其他人挑刺儿后，人们的热情自然而然地会消退。

正因为我清楚自己的缺点，所以我不认为自己能在策划推进的过程中变得越来越热情，所以会注意选择那些“就算我有些腻烦，依然能保持兴奋”的产品进行策划。

这样一来就算遇到困难，也能精力充沛地享受克服困难的过程。

为了最终完成策划，你想推进策划的理由一定不能是空话大话，一定要打从心底认为“自己绝对想要使用这款产品，只要能用到它，就会过上比以前更幸福的人生”。

只要拥有如此强烈的欲求，就算上司和客户提出反对意见，你也能毫不在意地继续推进策划，认为既然自己都希望成为这款产品的用户，就一定不会失败，反而是对方的想法有些奇怪。

要选择自己一开始就非常想做的产品，在推进的过程中不需要为自己打气就能做到最后的产品，这样的产品最终一定能够实现。

02 态度2：积累方案被打回的经验，也会做出爆款产品的好策划

无法使用的策划也值得收藏

为了不断做出产品策划，我最推荐的方法是“收藏无法使用的策划”。工作中经常会出现以下情况，写出了策划书，觉得应该能成功的产品在启动后遇到各种各样的问题，最终没能解决，成为无法使用的策划。

我希望大家带着愉快的心情将这些策划收集起来。

最近，每当在写策划书时遇到无法采用的策划，只要其中存在有趣之处，会让我觉得不能实现有些可惜，我都会说给妻子和女儿听，博她们一笑。我在公司工作时，也曾经把自己无法使用的策划收藏展示给可爱的女性后辈，开心地显摆“我还想出过这些创意嘞”。

也许对方会觉得我很奇怪，但是能做到这种程度的话，你就是无敌的。收藏无法使用的策划只是一种手段，重要的是为自己制定规则，就算策划无法使用也不要陷入消沉。

不擅长构思创意和策划的人会觉得总是想到不能用的东

西是一种浪费，从而渐渐厌烦，失去干劲，他们认为花很长时间斟酌后做出的策划一旦无法使用，就失去了意义。但事实绝非如此，正好相反，明白无法使用的策划之所以“无法使用”的经验非常宝贵，因为可以找到自己拼命想要实现的策划最终无法使用的“原因”。

我在做策划时会通过读书，或者请教他人来学习；手写策划书，花时间打磨；为了实现策划而踏出一小步；进行各种调查，咨询朋友同事。策划依然有可能最终没能实现，而是被搁置了。

从这样的经历中能学到很有价值的东西，而且这样的价值是课堂中绝对无法学到的。

无论策划的成败，复盘才是关键

作为一名策划师，“失败经验”和“成功经验”都是成长中必不可少的经验，缺一不可。

以产品策划为例，如果设计出各种产品后全都不畅销，可能会就此厌倦策划的工作。为了避免发生这种情况，请大家一定要在每次策划实现后回头看看策划结果。

如果做出了各种已经实现的策划，而这一次的策划效果

【无法使用的策划是宝贵的财富】

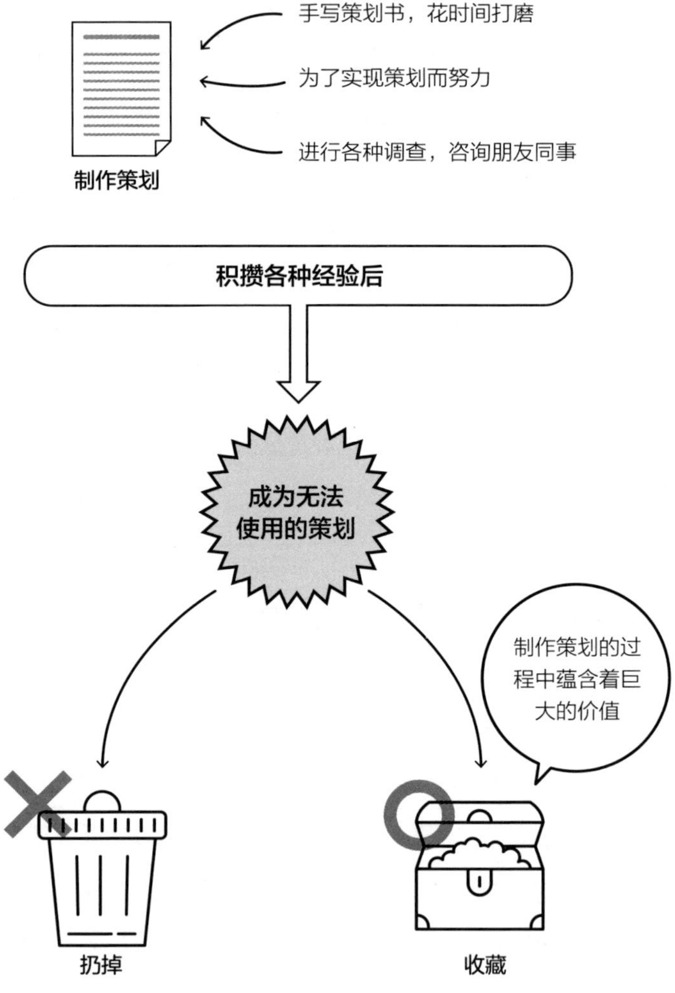

不如上次，就要分析整理为什么会出现当前的结果，从而找出失败的原因。

接下来在实施其他策划时，假设结果比上一次好，要继续分析整理为什么会出现当前的结果，从而找出成功的原因。

如果一直在失败，又不去分析失败的原因，就得不到任何经验。相反，如果得以幸运地不断成功，却不去思考成功的原因，依然得不到任何经验，在情况发生变化、遇到困难时将会束手无策。

其实，就算缩小规模也尝试做出成品，结果想要招揽顾客却没有打动任何人，这样的实际经历是最能让人学到经验的，不过在策划阶段就因为明确的理由撤销，才能用最小的成本获得最大的经验。“为什么无法使用”“为什么没有人支持我”“为什么无法实现”，当原因不断积累后，就能渐渐明白什么样的策划能够实现，能被人们所喜爱了。我认为记住思考后茅塞顿开时的喜悦，是做策划的必要条件。

如果你也在从事策划的工作，请不断尝试迈出一小步，每次都要记得回头看看。如果什么都不尝试，就什么也不会发生，什么都不会改变。“茅塞顿开”这件事本身价值连城。

我会收藏无法使用的策划，收集策划失败的故事，这些事情在某种意义上同样是做策划的乐趣，因为我的经验告诉我，这些失败的策划会在以后为我带来成功。

03 态度3：汇报准备与策划双管齐下

让策划通过的汇报技巧

策划受挫大多是因为没有被他人接受，主要有以下两种情况：

- 给客户或在部门内部做了汇报，却没有通过。
- 与上司沟通后被驳回。

我觉得汇报和“求婚”是一样的。

听到汇报这个词，或许有很多人觉得做汇报时要美化方案内容，总之要让对方喜欢自己的方案。而我认为事实绝非如此，汇报是为了让提出方案的人与接受方案的人“结婚”（达成共识）。

所以如果汇报没有通过，也许同样是一种幸福的结果。就算能够“结婚”，如果带着各种误解和错觉也并非好事。

汇报要坦率，包括劣势在内，要将自己想做的事情和现状全盘托出，被接受的策划才能得到他人的支持，并走向成功。

如果隐瞒了策划的劣势，就算方案通过，对方也可能会在事后发现情况不对，从而不再信任你。

我曾经有一段很痛苦的经历，因为非常想让策划通过，所以在汇报时说出了非常勉强的交货期和成本，虽然策划通过了，可是后来不仅延期交货，而且成本也增加了，结果挨了一顿痛骂。这样反而会给对方增添更大的麻烦。

现在我会注意汇报时不逞强，尽量说真心话，坦白真实的现状。

如果汇报者和听汇报的人不能在汇报时说出全部想说的话，双方的诉求不一致，就算策划最终通过，也会招致双方都无法得到幸福的结果。

尽管如此，现实中或许确实会有必须通过的策划。这种情况最好尽可能事先与相关人员沟通，深入了解双方的想法，努力向对方请教可能存在的问题。

汇报时用强大的突出卖点一决胜负

我认为汇报的内容应该在制作策划的阶段同时准备。

不该在策划做好后再去想汇报时如何说服对方，重要的是思考如何传达出“三角形模型”的内容。只要能顺利完成三角形策划模型中的内容，汇报时要说的内容就能够自然而然地确定下来。

三角形策划模型是为了确认“做什么”“卖给谁”“花多少钱”能卖出产品，即“产品是否能顺利卖出”。只要能准确传达出其中的内容，听众就应该能理解和接受。

为了准确传达，“突出卖点”的力度很重要。突出卖点是“能打动消费者的一记重击”，最理想的情况是突出卖点能够直接成为打动听众的一击。

在完成三角形策划模型时，如果能同时考虑到向相关人员汇报相关内容时，对方是否能够理解的情况，就能看清策划的不足和缺点，让策划变得更加完善，同时还能找到更好的表达方式。

向消费者传达产品的价值和让策划通过审核，二者遵循同样的道理，不该分开思考。

04 态度4：当遭遇难以跨越的风险与恐惧时，组建团队共同分担

克服公司权衡成本的风险

做生意时，花钱需要勇气。

公司中，制造部门的负责人也许不太能感受到花钱的恐惧，不过至少会在自己参与的产品项目出现赤字时感到难过。更不用说公司里负责做数值计划的管理人员和经营者，他们当然会害怕花钱。

一项策划之所以难以在公司内部通过，原本就是因为管理者会严格审视“是否能收回成本”，担心“会造成损失”。如果策划无法战胜管理者的恐惧，无法战胜风险，就无法实现。

为了克服这个困难，我推荐大家组建项目团队来推进策划。实际上我已经在大部分项目中使用这种方法顺利实现了策划。

我独立创业后，前文中提到的卡牌游戏“民间艺术运动

场”正是与妄想工作室的乙幡启子女士共同开发的项目。

开发投资和利润均为五五分成，就算万一失败亏损，也可以共同分担风险。这种方法可以在降低投资风险的基础上开发出很多优质产品。

首先，可以大幅提高创意的质量。两个人想出的创意可以带来一加一远大于二的效果，当然最重要的是能够提高执行力。为了实现策划，说到底必须要行动，如果所有事情都自己做，只能用鲁莽低效来形容。

每个人都有擅长和不擅长的事情。集合擅长各种能力的人组建团队共同行动，才能让写在纸面上的产品成为现实。

其次，发布产品时的宣传能力及合作方的数量同样与团队成员的人数成正比。比起独自完成策划，我更推荐集合必要的成员共同行动。

在公司内部推进的策划同样如此。不要局限于根据组织关系组成的团队形式，可以汇集在预算问题上拥有决策权的上司，拥有自己没有的长处和人脉的同事，为实现一个策划组建专门的团队。如果能巧妙拉拢身边的人，策划会更容易通过，更容易做出优秀的产品。

说句题外话，我在公司工作时，经常将善于发言、能准确表达自己意见的年轻女员工拉进项目团队里。在面对大叔时，女性的意见往往能发挥巨大的威力。

因为男性对女性感性的想法并不熟悉，所以当一名女性强势发表自己的主张时，他们会陷入不得不同意的境地。

有些公司或许无法组建类似的团队，可以采用结盟的思路，跨越部门的框架建立临时项目组。

组建项目团队的具体方法

我原本是一个软弱的人，确实不擅长“强势拉拢他人共同完成一项事业”。于是我会使用一种技巧，“以被对方拉拢的方式拉拢他人”。

首先，假设我心目中有一个实现自己的策划时不可或缺的人。我不会对他说“请帮助我吧”，而是会说“你来做这个项目，我来帮你”，站在辅助者的立场传达自己的热情，组建团队。

准确来说，组建团队时重要的不是力量对比，而是要重视对方是否把策划当成自己的事。

举例来说，当团队中需要设计师、工程师、赞助商、销售等成员时，最理想的方式不是让自己成为领导大家的人，而是要成为成员之间的桥梁。当然，我也会发挥领导者的功能，不过每个人的职责都是明确的，所有人在必要的场合都能成为领导者。另外，重要的是所有成员都不会有所顾忌，而会为了策划的成功共同努力。

另外，成员之间的关系各不相同。比如我和A是互相出资、分享利润、分担风险的关系；而B为我工作，我则向B支付业务委托费，我们之间不存在利润分配的关系。要明确每个人与项目的关系，避免“艄公多，撑翻船”的情况。

有人站在项目中心，会努力到最后，也有人仅仅提供少量的支援，也有完成职责后中途退出项目的人。不需要以大家都是项目伙伴为由，强迫所有人付出同样的努力，每个人负责的工作种类和工作量不同，要发挥各自的作用推进策划。

重要的是无论站在何种立场，无论参与度的高低，要让所有成员把策划当成自己的事情，在工作中感受到兴奋。我认为所有人带着对策划的喜爱之情，以最好的状态参与，是做出成功产品的秘诀。

如果整个团队团结一心推出产品，那么取得成功时的喜悦一定是特别的。大家一定要尝试挑战，体会与他人一起从一颗种子培养出参天大树的喜悦。

结 语

最后，我再说一件能帮助大家实现策划的重要事情。

请大家明白，没有特别想做的事情的普通人才是最适合进行策划的。

工作时，希望依靠自己的力量为更多人提供价值是理所当然的想法，我从事产品策划同样是出于这样的想法。但是刚刚踏入社会时，我只是想做出成果，却完全不知道自己具体想要做些什么。

本书一直在让大家“以自己的欲求为基础制作并实现策划”，事实上或许没想过要制作新策划的人才是大多数。在如今的时代中，现代生活被各种物质填满，人们普遍缺乏强烈的欲求。

我在成为产品策划师之后，依然只是普通人中的一员，没有对生活产生不满，没有不断生出无法抑制的欲望，没有很多想买的东西，也并非全年无所事事。正因如此，当我这样一个普通人产生“绝对要买，绝对要用，绝对要做”某件事物的想法时，心中的喜悦和热情会变得非常强烈。我在不断从事产品策划的过程中发现了这一点。

平时没有太多欲求的人一旦发现了自己“真正的欲求”，将会爆发出极大的能量。平时不热衷于购物、只是普普通通的人发现的“真正想买的东西”，很有可能成为爆款。

能够让普通人感受到强烈欲求的事物周围，一定存在能让更多人感到幸福、为更多人提供价值的要素。所以我认为在日常生活中始终保持普通人的心情，会注意到微小的价格差距是十分重要的事情。

只有普通人才有能力做出能吸引到占世界大多数的普通人的产品。

如果你想做出新东西，却不知道做什么的普通人，那么你一定可以做出能够为自己和他人带来幸福的策划。

阅读这本书后，如果你对“策划”生出了一丝兴趣，请关注隐藏在内心、连你自己都尚未发现的“欲求”，将“想要的事物”逐一写在素材手册上吧。通过做这件小事，你就会发现崭新的自己，发现自己心中的潜在欲求，体会到一次小小的“新生”。

“如果有这样的事物，我想买，想用，想做。”

发现新“素材”是让自己得到幸福的第一步，这是真正的快乐和幸福。也许有很多人在每天的工作中为策划而苦恼，但策划绝不是被强迫的工作，而是“为了满足自己的欲求在战斗”。任何人都拥有通过工作满足自己欲求的机会。

我衷心期待大家都能够借助《精准策划》的力量，遇到自己想做的策划，渐渐感受到工作的乐趣。

感谢担任本书策划编辑、ASA出版社的财津胜幸先生，与我共同管理Usagi公司的合伙人托马斯·提尔，PREGIO公司的大久保奈美女士，还有其他支持我工作的各位。最后，我要借此机会感谢一直微笑着支持我的妻子和两个女儿。谢谢你们！

如果有人希望和我一起组织产品开发和策划团队，举办演讲和培训，请随时与我联系。

Usagi 公司董事长

高桥晋平

2018年2月

卷末附录

高桥晋平“素材手册”中的100个素材

我在第1章中曾介绍过自己平时使用的素材手册，里面记录了我“想要的事物”。接下来，我将从中精选出100个素材介绍给大家。

在实际的素材手册中，我只会单纯记录素材的名称，为了方便大家理解，我在这里补充了每个素材的“主要内容”和我“想要的理由”。

我希望大家能够参考我记录素材的方法，做出只属于自己的素材手册。

另外，如果有人在我的素材中发现了自己“想要的事物”，可以先用我的素材手册，通过配对进行构思创意的练习。

泡沫会变色的洗手液

主要内容：洗手时泡沫会变色，可以让孩子愉快地洗净各个手指间的缝隙。

想要的理由：
- 希望孩子主动洗手
- 想看看神奇的现象

不太甜的甜酒

主要内容：不加糖，能品味自然甜味的甜酒。

想要的理由：
- 因为普通甜酒太甜腻，会让喉咙变得火辣辣的，所以想要一款容易下咽的甜酒，改善肠道环境。

成人数学教室

主要内容：成年人可以配合自身的水平学习数学，可以运用在工作中，重新了解学生时代学过的数学知识有什么意义。

想要的理由：
- 想知道微积分是什么
- 想提高数学水平
- 想看看自己是不是比以前聪明

优势识别器

主要内容：通过网络问答，了解自己在34种才能领域中最强的五项才能。

想要的理由：
- 想知道自己的强项
- 也想了解自己的弱项

吸附型捕蚊器欢迎“蚊”来

主要内容：USB驱动的捕蚊器，用光线诱导蚊子，用风扇吸附。

想要的理由：
- 不想被蚊虫叮咬
- 不想使用防蚊喷雾和杀虫剂

提供博客素材的AI

主要内容：有没有AI可以自动为我构思微博、社交软件、邮件的素材呢？

想要的理由
- 想轻松地找到能发布的素材
- 想要详细调查指定素材，发现原本没有兴趣的领域
- 希望能在忙碌时也能不间断地更新微博

抢答题
初次参与的抢答比赛

主要内容：可以用真正的抢答器参加抢答的活动，能实际体验抢答比赛，所有参与者都是新手。

想要的理由
- 想像电视上一样按抢答器
- 想知道自己的答题能力

能让人更加上相的练习镜

主要内容：当用户在镜子前练习做表情时，能够让拍出来的照片更好看的镜子。

想要的理由
- 想让自己更上相（特别是拍证件照，拍重要的照片时）
- 想让自己的笑容更美

敷衍了事和等闲视之的
区别报道

主要内容：我看到的文章标题，
情不自禁地点开阅读了。

想要的理由
- 想记住，并且正确使用
- 想向别人炫耀

The Sliver Pro给爷爷
奶奶的信

主要内容：一项服务，可以每个月定期给爷爷奶奶寄送准备好的文章和照片。

想要的理由
- 想让家人开心
- 想和家人处好关系
- 想多和爷爷奶奶交流，倾听他们说话

智能机尺寸的无人机摄像机

主要内容：与手机壳融为一体，可随身携带，起飞后能用内置摄像机自拍。

想要的理由：
- 想让手机飞起来拍照
- 想要不碍事的小型无人机
- 想接触最先进的技术

感动的故事

主要内容：看感人的视频流泪，抒发感情的活动。

想要的理由：
- 想痛快地哭一场来排解压力

能检测宝宝体温的奶嘴

主要内容：宝宝叼住奶嘴就能测体温。与手机应用软件联动，可以显示体温。

想要的理由：
- 想让宝宝乖乖地测体温

寂静中的对话框没有声音的世界

主要内容：在听不见声音的状态下，打破语言的壁垒愉快对话的活动。使用身体语言等，不发出声音地相互交流。

想要的理由：
- 想通过新体验，接受全新的价值观
- 想与他人顺利交流
- 想和他人处好关系

心仪啤酒的亚马逊一键购买按钮

主要内容：只需要按下按钮就能订购指定产品的物联网设备。出售对应各种产品的按钮。

想要的理由：
- 想尝试按下冰箱里的按钮订购商品
- 没有啤酒时希望能够立刻订购

尼莫点
世界上距离人类最远的地方

主要内容：地球上距离人类最远，位于太平洋中央的孤独地点。不是岛屿，距离最近的复活节岛有2689公里。

想要的理由：
- 想去看看
- 想体验独自一人时无与伦比的孤独感

黑暗联谊

主要内容：在一片漆黑中进行的联谊。看不到对方的脸。

想要的理由：
- 想体验（感觉会萌发爱情）

人工智能为我找到
脾气相合的妈妈友

主要内容：与社交软件联动，登录后可以根据家庭构成、兴趣和母语等条件匹配与自己合得来的人，用来寻找妈妈友。

想要的理由：
- 想找到和自己合得来的好朋友
- 想逃离妈妈友间复杂的人际关系

Jimbo

主要内容：就算不懂HTML的写法，也能轻松制作网页的服务。

想要的理由：
- 想靠自己，用简单的方式更新网页
- 想控制网页的维护成本
- 想轻易变更设计，尝试各种风格

自由说唱

主要内容：即兴说唱，多人对决。

想要的理由：
- 想要掌握即兴说唱的能力
- 想掌握即兴表演的能力

大便写字练习

主要内容：面向小学生的练习，使用带大便的例句让他们记住字词。

想要的理由：
- 想尝试这种方法能不能让孩子喜欢学习
- 希望在看到例句时能笑出来

用手随意揉搓的玩具

主要内容：揉搓的手感让人上瘾，指环形状的玩具。

想要的理由：
- 想体验能让人上瘾的新触感
- 想一边触摸一边开会，与人交流

1000日元以上的高级海苔便当

主要内容：将价格低廉的常规海苔便当做成超过1000日元的豪华便当。

想要的理由：
- 想尝尝看这种便当与便宜的海苔便当哪种更好吃，吃过后满足感更强
- 想告诉别人自己的感想

拿铁因素质疑

主要内容：拿铁因素是指每天一杯拿铁咖啡的小笔消费，有人认为缩减这些小笔消费就能达成目标，我觉得或许反过来做效果会更好。

想要的理由：
- 想尝试买一杯咖啡或茶来鼓起干劲，集中精神提高效率
- 想尝试不节约的生活

写出简单易懂的文章的10大原则

主要内容：我看到的文章标题，情不自禁地点开阅读了。

想要的理由：
- 想写出更好的文章
- 想提高写文章的速度

没有计价器的出租车

主要内容：价钱不会逐渐上涨的出租车，消费金额固定。

想要的理由：
- 希望在坐出租车时不用在意金额，能保持稳定的心情（坐在出租车上总会不自觉地产生焦虑）

能握住的水

主要内容：在水里混入药物，让水能被握住的实验性玩具。

想要的理由：
- 想尝试
- 想让孩子体验神奇的事情

医院版大众点评

主要内容：像大众点评一样给医院打分，可以根据口碑了解医院的服务。

想要的理由：
- 不想在选择医院时出现失误
- 希望有一个寻找医院的指标

维持记忆力的口香糖

主要内容：通过银杏叶提取物维持记忆力，功能性食品口香糖。有报告指出，银杏叶提取物具有维持中老年人记忆力（记住、想出语言、图形等）的功能。

想要的理由：
- 想尝试是否有效
- 想知道味道
- 因为记忆力不如小时候了，希望能恢复

商场废墟影像集

主要内容：展示倒闭商场内部影像的网络视频。

想要的理由：
- 想看（想看恐怖的视频）
- 想在关闭后的商场中散步

避免高中生被蚊虫叮咬的方法研究

主要内容：高中生是容易被蚊虫叮咬的人群，因为足部环境常在菌种类较多（多样性高），可以通过用酒精打湿纸巾擦拭脚腕下方，减少被蚊虫叮咬的次数。

想要的理由：
- 为了不被蚊虫叮咬，想要尝试
- 想尝试在现实生活中能用到的自由研究

聊天式育儿

主要内容：书籍，宣扬对孩子说话的重要性。

想要的理由：
- 想训练孩子的大脑和情绪

用演示文稿代替便笺的个人信息查询方式

主要内容：网上介绍的个人信息查询方法，在每张演示文稿上写一件事。

想要的理由：
- 因为没做过，所以想尝试这种个人信息查询方式
- 想轻松地想出新创意

代行家政服务

主要内容：委托专业人员打扫房间的服务。

想要的理由：
- 希望家里长期保持干净
- 想轻松地打扫不干净的地方

真人寻宝游戏

主要内容：在室外一边揭开藏宝图上的谜题，一边寻宝的活动。

想要的理由：
- 想和孩子一起寻宝探险
- 想解开谜题，找到答案

比乒乓球更轻薄的扫地机器人

主要内容：超薄型扫地机器人，能钻进家具下的空隙间打扫。

想要的理由
- 想打扫架子下面
- 收纳时不想占地方

独居生活的优点在于“可以把恋人叫到家里”“可以叫朋友来家里喝酒”

主要内容：文章标题。看完后向往独居生活。

想要的理由
- 想在独居时享受自由惬意的生活
- 想在家里办酒会

浮在空中的酒杯

主要内容：能浮在底座上空的玻璃杯，可以在倒入饮料后从空中拿过来喝。

想要的理由
- 想体会用浮在空中的杯子喝饮料的感受
- 想用这种杯子给客人上茶

杂烩文库

主要内容：在“设计展”上展出的作品，将文库本的标题组合后形成新的标题，像积木一样的作品。

想要的理由
- 想装饰在家里玩
- 想用组合出的词语逗周围人发笑

非常小的迷你盆栽

主要内容：小到惊人的盆栽装饰品。

想要的理由
- 装饰在桌子周围，希望别人觉得我有品位
- 想观察盆栽精巧的工艺

第二次结婚典礼

主要内容：在结婚10周年等纪念日举办第二次结婚典礼的服务。

想要的理由
- 想拉近与妻子的关系
- 想给家人一个有纪念意义的礼物

装有红豆的眼罩
红豆的力量

主要内容：用微波炉加热后盖在眼睛上，能缓解眼疲劳。

想要的理由
- 想缓解眼疲劳
- 不是一次性产品，想多次使用

只用60分钟写出一决胜负的小说

主要内容：网上的一项游戏，在60分钟之内根据主题写小说，大家分享后一起讨论感想。

想要的理由
- 想尝试，或许可以一鼓作气地写出小说
- 想看看别人的作品

所有用户一起评分
变形虫压轴表演

主要内容：用有趣的搞笑方式回答其他用户的题目，以升级为目的的社交软件。

想要的理由
- 想锻炼压轴表演的能力
- 想尝试用无聊的回答来搞笑
- 想要收到好评

定点观测世界上各个街道的摄像机

主要内容：定点观测世界上各个地点的实时影像，有专门的网站在收集视频。

想要的理由
- 想体会用任意门去世界各地的感觉
- 想看看世界各地的“现在”

叠衬衣的方法
生活技巧

主要内容：用视频介绍快速美观地叠好各种衣服的方法，人气很高。

想要的理由
- 想学会简单的叠衣服方法，向别人炫耀
- 想向别人展示自己迅速叠出漂亮的衣服的样子

只用一秒就能博得上司好感的行为

主要内容：我看到的文章标题，情不自禁地点开阅读了。

想要的理由
- 想和自己不喜欢的上司处好关系
- 想变成会察言观色的人

如果想锻炼说话方式，最重要的是“录下自己的说话方式”

主要内容：我看到的文章标题，情不自禁地点开阅读了。

想要的理由
- 想变得更会说话
- 希望能喜欢上自己的声音和说话方式

想看看彩虹的最边缘

主要内容：推特上引发话题的照片。

想要的理由
- 想看看没见过的自然现象
- 想拍下超现实的照片，上传到社交软件上被人点赞

可以一边喝酒一边工作的工作区域

主要内容：如果有可以在工作时公然喝酒的地方就好了。

想要的理由
- 想试试一边喝酒一边工作是否能提高效率
- 想凭借酒劲想出新创意

喷气动力有翼西装

主要内容：穿上就能飞的西装。

想要的理由
- 想在天空中自由飞翔

9型占卜游戏

主要内容：按出生年月日将人分成9种类型的占卜游戏。

想要的理由
- 想知道自己的类型，以及和哪些名人是同一种类型
- 想感受发现占卜应验时的惊喜

小钱包

主要内容：小巧时尚的钱包。

想要的理由
- 希望带钱和卡时不占地方
- 想把钱包放进口袋中

宏观管理法健身

主要内容：根据“性别、身高、体重、年龄、活动量、健身目的”等因素计算出每天应该摄取的热量和三大营养素，按照计算结果用餐，达到理想体型的方法。

想要的理由
- 因为我身体较弱，想尝试对自己有效的健身方法
- 为老年生活做准备，希望长寿，想适当增加肌肉力量

落入爱河的声音

主要内容：似乎真的有这样的声音。

想要的理由
- 想在和异性共处时听听看

没有手机的高中女生触摸式月票

主要内容：文章标题。讲的是没有手机的高中女生将月票当成手机触摸。

想要的理由：
- 总是抱着手机对身体不好，想要触摸手机的代替品
- 不想让自己的孩子拿手机
- 如果自己有一张同样的月票，应该也会想触碰

和病人打招呼的正确方法

主要内容：文章标题。

想要的理由：
- 为了以防万一想要了解
- 想掌握不会伤害别人、能鼓励别人的说话方式

真正有效的痛感健康凉鞋

主要内容：我常年寻找后发现的理想产品。我想要一双能给脚部提供适当的痛感、能走远路的健康凉鞋。

想要的理由：
- 希望享受到非常舒适、效果极佳的足底按摩
- 希望全身变得健康

与热播剧演员互动的视频

主要内容：产品宣传视频，热播剧演员仿佛就在自己身边。

想要的理由：
- 想感受这种虚拟体验

任天堂的读档功能

主要内容：游戏失误时，可以回到稍微靠前的位置重来。

想要的理由：
- 想使用这项梦幻功能攻克通关困难的游戏
- 在忙碌的时候想花较短的时间打通游戏

将育儿的辛苦转换到恋人关系上

主要内容：将父母和婴儿的关系转换成“恋人关系”，展现育儿辛苦的漫画。

想要的理由：
- 想给别人推荐
- 想缓解育儿的疲惫

可以使用自己声音的声音电台

主要内容：输入自己或朋友的声音后，用这些音源合成声音的技术，可以用合成的声音说各种各样的内容。

想要的理由：
- 想听到喜欢的人的声音向自己表白

用电脑工作时，有女生按摩肩膀的咖啡馆

主要内容：在咖啡馆工作时会肩膀僵硬，如果有一种服务可以让女孩子当场进行快速按摩，并且能讨论工作上的问题和烦恼就好了。

想要的理由：
- 希望不需要离开咖啡馆就能按摩
- 希望有人和我讨论工作

可以懒散健身的健身房

主要内容：在健身房中一般都需要进行剧烈运动来锻炼身体，我希望有只需要做适当的伸展运动，一边休息一边吃零食来放松的健身房。

想要的理由：
- 想懒散地努力
- 希望能获得每天做伸展运动的动力

只能交换一张名片的“商界NERUTON”

主要内容：不同业界的商业交流会，不能随便发名片，只能在交流后选择一个想要保持联系的人表白，才能得到名片。

想要的理由：
- 想找到人生中命中注定的朋友
- 想结识合得来的人，在工作中会有深度合作的人

偶像制作人1日体验服务

主要内容：能体验制作人的身份，选择偶像团体的成员，选择歌曲，打造偶像团体的服务。

想要的理由：
- 想选出最好的偶像团体成员
- 想在偶像进行唱跳表演时，在旁边演奏自己创作的歌曲（用键盘或者吉他）

夫妻情侣装活动

主要内容：必须夫妻共同穿情侣装出席的活动。

想要的理由：
- 想和妻子穿着情侣装在别人面前秀恩爱
- 想穿着情侣装拍照
- 想得到进行非日常行为的动力

寻找搞笑搭档的网络服务

主要内容：像募集乐队成员一样，寻找搞笑搭档的网站，也提供缘分匹配服务。

想要的理由：
- 想表演漫才①和小品
- 想找到合得来的搭档

忘记拿伞时会发出通知的折叠伞

主要内容：装有传感器，当与手机达到一定距离后会发出警报的折叠伞。

想要的理由：
- 因为我总是弄丢折叠伞，所以希望折叠伞在远离我时能发出警报。

咨询酒吧

主要内容：能倾听我的烦恼、提出建议的酒吧。

想要的理由：
- 想要尽情向他人倾诉烦恼
- 希望被拯救

---

① 漫才是日本的一种站台喜剧形式，类似中国的对口相声。

鼻毛脱毛
蜜蜡脱毛

主要内容：将沾有蜡的棒子放入鼻孔中，过一段时间后拔出来就能将鼻毛清理干净。

想要的理由
- 想尝试一次拔干净所有鼻毛
- 想修饰仪容
- 想保持鼻腔健康

能联系到公司旧员工的互助网络

主要内容：和公司的旧员工取得联系，组建能为原公司做出贡献的互助网络。

想要的理由
- 辞职后依然想为原来的公司做出贡献
- 想增加社会上的工作方式

手不会累的
人体工程学鼠标

主要内容：基于人体工程学设计，用起来手不会累的鼠标。

想要的理由
- 想要保护手腕（因为我的手腕容易疼）
- 想减轻用电脑工作时的疲惫

不会过热的
喉咙吸入器

主要内容：滋润喉咙的吸入器释放的蒸汽大多温度太高，所以我想要一个能用温度正好的蒸汽滋润喉咙的机器。

想要的理由
- 想舒适地滋润喉咙，让声音更好听，还能预防感冒
- 希望能每天坚持做不喜欢的事情，并且享受坚持的快感

路线简单易懂的公交车

主要内容：在公交车上或车站时，无论去哪里我都会担心“有没有坐对，应该在哪一站下”，这个问题能否解决呢？

想要的理由
- 想轻松选择公交车，放心乘坐
- 希望不用询问司机也能确认路线

能净化空气的假花

主要内容 利用光触媒，放在房间里就能净化空气的假花。

想要的理由
- 想在房间里放植物，又不想浇水或者照顾花草

局内人游戏

主要内容 一种相互欺骗的卡牌游戏。大家通过向出题者提问来猜测答案，只有一个人知道答案，他就是局内人，目标是不暴露身份。

想要的理由
- 想公然撒谎
- 想尝试推理
- 想愉快地聊天
- 想在游戏中独自取胜

故乡选择

主要内容 门户网站，可以检索全国各地缴纳故乡税后可以获得的礼品。

想要的理由
- 想充分利用故乡税
- 想知道日本各地的名产

寿司教室

主要内容 教授手握寿司技术的讲座。

想要的理由
- 想像专业人士一样帅气地制作手握寿司

共享雨伞服务

主要内容 大家都可以使用的共享雨伞服务。

想要的理由
- 不想经常购买透明塑料雨伞
- 不想带折叠伞出门

理财学塾

主要内容：教授资金运用方法的学塾。

想要的理由：
- 想让金钱有效增值
- 不想缺钱花

窗户用清理机器人

主要内容：可以贴在窗户上一边移动一边清洁的机器人。

想要的理由：
- 希望擦窗户变得轻松
- 想把窗户擦干净

可以为任何电子设备充电的充电线

主要内容：只需要一根，就能为接线头不同的手机、平板电脑等充电。

想要的理由：
- 不想带很多充电线出门
- 希望不用再担心电池没电

人体穿透影像

主要内容：食物从口部进入，穿过身体通到肛门的影像。

想要的理由：
- 想看到食物通过身体的影像

电话推销被打断时控制情绪的方法

主要内容：文章标题。要如何才能毫无压力地做好电话推销的工作呢？

想要的理由：
- 希望能不在意任何外界的情况
- 希望能顺利推销

移动胶水中的气泡的游戏

主要内容

Yamato有一款胶水在使用时随着胶水的减少，气泡会越来越大。我上小学时喜欢倾斜胶水瓶让气泡移动，总也玩不腻，一直玩了很多年。

想要的理由
- 想看气泡（液体）缓慢移动的样子
- 想随心所欲地戳气泡

入库技校

主要内容

如果有人专门教授入库技巧就好了。

想要的理由
- 希望能漂亮地一次入库
- 想减少开车时的压力

罐头专卖店

主要内容

卖全日本各种罐头的商店。

想要的理由
- 想就着美味的罐头喝酒
- 想了解有趣的罐头种类

绳子抽签小摊

主要内容

一种抽签方式，从一把绳子里选一根，能得到系在另一头的奖品。

想要的理由
- 因为很怀念，所以想试试

斋藤先生游戏

主要内容

卡着节奏喊出“嘿、嘿”“斋藤先生”的游戏。

想要的理由
- 想用很快的速度尝试
- 想看看高手的游戏视频

不会过热的暖宝宝

主要内容：一次性的暖宝宝经常因为太热让人觉得不舒服，所以我想要温度正好的暖宝宝。

想要的理由

- 想感受温度正好的温暖

笔记本型白板

主要内容：可以随身携带的笔记本型白板。

想要的理由

- 希望能方便地携带白板
- 在开创意会时，希望让大家一起使用

地下偶像演唱会

主要内容：希望能近距离看到没有出道的偶像举办的演唱会。

想要的理由

- 希望大声呐喊，做些平时不会做的动作

彻底关闭手机软件的通知

主要内容：手机不停地响，令人疲于应对，有时会不想查看、回复消息。

想要的理由

- 不想迁就别人
- 想放松
- 想平静安稳地度过一段时间

4分钟理解区块链

主要内容：网上的动画视频，能让观众在短时间内理解区块链。

想要的理由

- 想在短时间内了解新事物

常温水售货机

主要内容：自动售货机，可以买到不冰的水。

想要的理由
- 想喝不冰的饮品

能看到工资低于自己的人的节目

主要内容：电视节目，工资低却生活幸福的人的访谈或者介绍。

想要的理由
- 希望消除焦虑

小学风格的居酒屋

主要内容：居酒屋，能在装修成小学教室的房间中喝酒。

想要的理由
- 希望和大家聊起小学的回忆
- 想看看令人怀念的课桌

头不会痛的帽子

主要内容：帽子戴的时间长了头会痛，所以想要头不会痛的帽子。

想要的理由
- 想防止头痛
- 想变得时尚
- 想防寒
- 想防紫外线

贴在居酒屋的洗手间里，坐船环游世界的海报

主要内容：环游世界之旅的广告。在居酒屋喝醉时看到的，有些想去。

想要的理由
- 想环游世界
- 想用英语和别人交流